RÉMY DESQUESNES

Les armes secrètes d'Hitler

Editions OUEST-FRANCE

Introduction

Fusées, conquête et voyages dans l'espace interplanétaire étaient à la mode en Allemagne après la Première Guerre mondiale et la *Reichswehr* ne tarda pas à s'intéresser, sur son terrain de manœuvre de Kummersdorf, situé dans la forêt de Brandebourg, à une vingtaine de kilomètres au sud de Berlin, à ce nouveau mode de propulsion par réaction. C'était un moyen de contourner les clauses du traité de Versailles interdisant à l'Allemagne toute artillerie lourde et toute aviation sauf les avions civils. Trop à l'étroit à Kummersdorf, la *Heer* (armée de terre) et la *Luftwaffe* décidaient, en 1935-1936, d'acheter à la ville de Wolgast toute la partie nord de l'île d'Usedom située

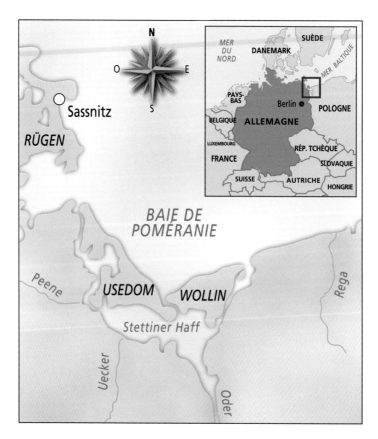

**Cette carte montre la côte poméranienne et l'embouchure de l'Oder,
où ont lieu les essais des armes secrètes.**

A4 ou fusée V2 à Peenemünde.
Imperial War Museum, Londres.

Avion sans pilote, le V1 est surmonté d'une tuyère installée sur la partie arrière du fuselage.
Imperial War Museum, Londres.

sur les rives de la Baltique, avec les petits ports de pêche de Peenemünde, Karlshagen, Zempin et Zinnowitz, pour aménager ensemble dans les dunes et les forêts de pins un grand centre de recherches expérimentales sur la fusée. Eloignée et séparée du continent par l'estuaire de la rivière Peene, l'île était un endroit idéal en ce qui concerne les conditions de sécurité et de secret militaire. Après y avoir effectué d'importants travaux (routes, voies ferrées, aérodrome, immenses hangars, ateliers, usine de production d'oxygène liquide, plates-formes de tir, bunkers de commandement et logements pour le personnel), le général de l'armée de terre Dornberger reprenait avec ses équipes de scientifiques les travaux sur la mise au point d'un missile balistique. A Peenemünde-Est, le projet principal était la construction d'une fusée, baptisée du nom de code A4, pour *Aggregat* 4 ou prototype 4 de la série A, capable de transporter une tonne d'explosif sur une distance de 350 km.

Après une courte période d'association avec l'armée, la *Luftwaffe* reprenait son indépendance, le 1er avril 1938, et créait, à Zinnowitz-Zempin, deux petites stations balnéaires situées sur Usedom, au milieu des bois de pins poussant en abondance sur l'île, à 5 km du centre d'essais de la V2, son propre *Erprobungsstelle* ou centre expérimental. Goering, commandant en chef de la *Luftwaffe*, voyait en effet d'un mauvais œil l'armée de terre se substituer à l'aviation dans les opérations de bombardements à longue distance. A côté de la fusée A4, la *Luftwaffe* avait bien l'intention de se doter, à son tour, d'une arme nouvelle permettant le bombardement à distance d'une cible, tâche qui, selon le chef de la *Luftwaffe*, était l'affaire de l'aviation et non de l'armée. Placé sous le commandement du général Milch, inspecteur des forces aériennes, le nouveau centre d'essais s'intéressa d'abord aux applications pratiques de la découverte de la fusée, par exemple, en utilisant ce nouveau moyen de propulsion comme moteur auxiliaire capable de fournir, à l'instar d'un booster, une assistance au décollage des bombardiers lourds de la *Luftwaffe*. Puis, les ingénieurs commencèrent des recherches sur la construction d'un avion de chasse

propulsé non pas par une hélice mais par réaction grâce à la poussée d'une fusée à carburants liquides. Initiés par le centre expérimental de la *Luftwaffe* de Peenemünde, ces travaux furent repris par la firme Messerschmitt qui construisait le Me 163, premier chasseur à réaction de l'histoire, qui n'entrera en service que tardivement et en faible nombre. Des recherches étaient également effectuées dans d'autres domaines, comme la navigation aérienne de nuit ou les systèmes de détection par radar.

Carte de l'île d'Usedom où se trouve le petit port de Peenemünde.

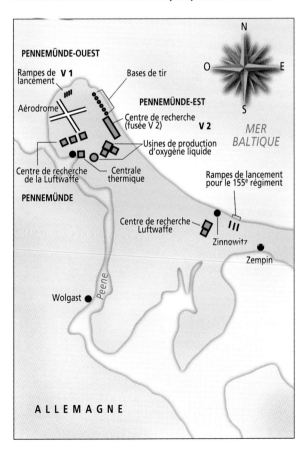

LA BOMBE VOLANTE V1

" **B**ientôt, l'Allemagne, avec ses armes de représailles, fera payer à l'Angleterre tout le mal qu'elle a fait à la population allemande (...) et ces nouvelles armes pourraient bien changer la face de la guerre. »

Joseph Goebbels, *Das Reich*

Le 21 juin 1944, le régiment chargé du catapultage des bombes volantes ou V1 lançait son millième engin sur Londres. Ce succès incitait Goebbels, le ministre de la Propagande du Reich, à écrire dans son *Tagebuch* (Journal personnel) : « ... la nouvelle du déclenchement des représailles suscite dans le peuple allemand de véritables transports de joie (...) pourtant le programme "Noyau de cerise" n'est que la partie la plus inoffensive de notre programme général de représailles. C'est lorsque le programme de l'A4 sera déclenché que les Anglais en verront de belles. »

A la différence d'une fusée, le V1 est un petit avion muni d'ailes. Les ailes sont montées une fois l'engin arrivé sur son lieu de lancement. AKG-Images.

La bombe volante : de l'invention à la mise au point

1941-juin 1944

En mars 1940, alors que Hitler envahissait le Danemark et la Norvège, l'équipe de chercheurs de l'armée à Peenemünde, conduite par von Braun, essayait avec succès un moteur à réaction d'une conception totalement révolutionnaire, engendrant une poussée de plusieurs

Rampe de lancement de Brécourt, près de Cherbourg : le V1 mis en place indique le futur emplacement de la rampe ainsi que son inclinaison sur l'horizon. Rémy Desquesnes.

dizaines de tonnes, capable d'emmener dans l'espace une fusée de plus de 10 tonnes. C'était un bond technologique spectaculaire, très en avance sur son temps, qui n'avait plus rien à voir avec la fusée A1 baptisée *Max*, construite quelques années plus tôt, dont la poussée avoisinait les 150 kg ou même avec l'A3 surnommée, elle, *Moritz*, du nom des héros d'une célèbre bande dessinée allemande de l'entre-deux-guerres, qui avait une poussée de 1 500 kg.

Pendant que, sur les rives de la Baltique, les ingénieurs poursuivaient la mise au point de l'A4, Hitler procédait, en juin 1941, à l'invasion de la Russie. En s'accompagnant du départ vers le front de l'Est de la plus grande partie des forces de la *Luftwaffe*, l'offensive en Russie mettait un terme au *Blitz*, c'est-à-dire à la campagne de bombardements sur Londres, inaugurée au cours de l'été 1940. Il ne demeurait plus, sur le front Ouest, que la *Kriegsmarine* et ses sous-marins pour poursuivre sur mer la lutte contre l'Angleterre. Afin de ne laisser à Churchill aucun répit, l'*OKL* ou haut commandement de la *Luftwaffe*, dont les forces étaient monopolisées sur le front russe, réfléchissait à la manière de se venger de l'échec subi au-dessus de la Manche, au cours de l'été 1940, et de reprendre l'offensive

Eperlecques-Le Blockhaus : V1 prenant son envol. Rémy Desquesnes.

aérienne contre l'Angleterre. Ce désir de vengeance devait décupler à la suite du premier grand raid aérien mené par la RAF sur la ville hanséatique de Lübeck, les 28 et 29 mars 1942, puis la nuit du 30 au 31 mai 1942, avec l'opération *Millenium*, premier bombardement aérien mené par *a thousand bombers* (par mille appareils de la RAF), sur la ville de Cologne, seconde cité à subir, avant la *Bombenangrif auf Hamburg* (l'attaque aérienne sur Hambourg), au cours de la nuit du 24 au 25 juillet 1942, les foudres de Churchill.

Bombardier allemand. Mémorial de Caen.

Das Projekt Fi 103
ou le projet Fi 103

Au cours de l'été 1941, au moment de l'invasion de la Russie, l'établissement de recherches de la *Luftwaffe* réfléchissait donc à la construction d'un engin volant capable de transporter sur une distance qui soit au moins deux fois supérieure à la portée du fameux canon ayant bombardé Paris (120 km), au cours de la Première Guerre mondiale, une charge explosive dans son ogive, et de se diriger par ses propres moyens vers un but prédéfini. Portant le nom de code *Kirschkern*, ou Noyau de

Unité de propulsion du V1. NARA.

Général Max Wachtel, commandant du 155.Flak-Regiment chargé du lancement du V1. Mémorial de Caen.

Kriegstagebuch des Flakregiments 155 (W) 1943–1945

Couverture du KTB du 155e Régiment.

cerise, ce projet, dont les grandes lignes étaient approuvées par Goering et le ministère de l'Air, était confié pour sa réalisation à la firme *Fieseler Flugzeugbau*, grande entreprise qui avait l'habitude de travailler avec la *Luftwaffe* à laquelle elle avait fourni le *Storch*, un petit avion très manœuvrable et très populaire dans la *Wehrmacht*. La firme aéronautique ne tarda pas à proposer au général Milch un projet de *Flügelbomb*, ou bombe volante, se présentant sous la forme d'un petit avion sans pilote, autoguidé au moyen de gyroscopes internes, doté d'un système de propulsion automatique, capable de transporter en ligne droite, à une vitesse de 500 km/h et à une altitude moyenne, une charge explosive d'une tonne, sur une distance de 250 km, après largage à partir d'un avion-porteur. Pour la réalisation, *Fieseler* se réservait la construction de la cellule du

futur avion sans pilote, baptisé, pour l'instant, du nom de code Fi 103. Pour l'unité de propulsion, elle fit appel à la firme *Argus Motorwerke*, qui avait déjà un projet de moteur à réaction sans compresseur, d'une grande simplicité sur le plan technique, et à *Askania*, une entreprise berlinoise bien connue dans les milieux aéronautiques, spécialisée dans la construction des tableaux de bord, pour le pilote automatique. Goering confia au général de la *Flak*, von Axthelm, la charge de surveiller l'avancement de la construction de la bombe volante à laquelle ce dernier donnera, plus tard, le nom de code *Flakzielgerät 76*, ou engin d'artillerie anti-aérienne, abrégé en FZG 76.

Pour la mise en œuvre de ce tout nouveau moyen de combat, sorte d'artillerie à très longue portée, Goering créa, le 15 août 1943, à Zinnowitz, un nouveau régiment, constitué à partir d'unités pléthoriques de la *Flak*, ou artillerie anti-aérienne. Baptisé *155.Flak-Regiment (W)*, cette nouvelle unité était placée sous le commandement du général Max Wachtel. A plein effectif, ce régiment devait compter plus de 6 000 hommes, répartis en 4 détachements ou groupes, eux-mêmes divisés chacun en 4 batteries par groupe plus une batterie de maintenance et une autre servant à l'approvisionnement. Chaque batterie devait contrôler 4 sites de

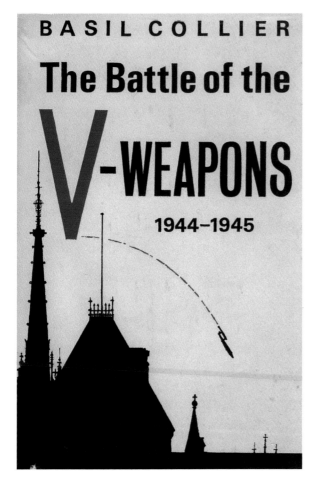

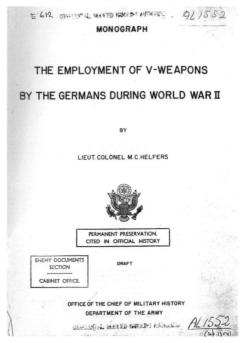

Rapport du colonel Helfers sur l'emploi des V1.

Ci-contre : **Couverture de l'ouvrage de Basil Collier, une des sources de l'histoire du V1.**

lancement soit 16 sites par groupe, donc, pour l'ensemble des 4 batteries, un total de 64 sites. Comme toute unité militaire, le régiment devait tenir un *Kriegstagebuch* (en abrégé KTB) ou Journal. Non égaré au cours des combats, ce document de plus de 550 pages, conservé au Centre de recherches d'histoire militaire de Freiburg-i-B, est une source très précieuse pour reconstituer l'histoire du régiment et de la bombe volante. On trouve dans ce Journal, qui commence le 15 août 1943 et se termine brutalement le 8 mars 1945, pour chaque jour, une *Eintragung* ou inscription, c'est-à-dire un résumé des principaux événements de la journée ainsi que de multiples détails concernant la vie quotidienne du régiment. Entraînement au catapultage et au montage des rampes à Zinnowitz ou en Prusse, tests d'essais, raisons des crashs, déploiement du régiment en France, construction des sites de lancement le long de la Manche puis, plus tard, en Hollande et en Allemagne, raids aériens alliés, statistiques des tirs sur l'Angleterre, voilà tout ce qu'on peut lire dans ce document de première main. Afin de voir les deux versants de la colline, on a largement comparé et complété la lecture du KTB par diverses sources alliées (archives ou ouvrages publiés).

Fi 103 contre *Aggregat* A4 ou fusée A4

A vrai dire, la mise au point du missile autoguidé qu'est le Fi 103 sera beaucoup plus longue que prévu même si elle est, pour l'ensemble du projet, plus rapide que celle de la *A4 Rakete* ou fusée A4 dont le premier vol réussi, au début du mois d'octobre 1942, faisait entrer l'humanité en guerre dans l'ère spatiale. Au cours de ce vol d'essai, la fusée avait atteint l'altitude de 90 km, parcouru la distance de 280 km et dépassé la vitesse du son, ce qui fait de cet engin le premier missile supersonique. Ce remarquable succès de la science rendait désormais possible la conquête de l'espace. Trois mois plus tard, début décembre 1942, alors que la *Wehrmacht* était encerclée par l'Armée Rouge à Stalingrad, à 1 500 km de là, sur les rives de la Baltique, les ingénieurs procédaient alors au premier vol du prototype Fi 103 largué d'un avion porteur *Focke-Wulf 200*. A l'origine, on pensait que c'était l'unique moyen de lancement, mais, avec la dispersion de ses escadrilles sur plusieurs théâtres d'opérations, la *Luftwaffe* assistait à une réduction progressive de ses forces sur le front Ouest. Placée sous le commandement du maréchal

Alors que les ingénieurs de Peenemünde réussissaient le premier lancement d'une fusée dans l'espace, à 1 500 km de là, la Wehrmacht faisait face dans la région de Stalingrad à la première véritable contre-attaque de l'Armée rouge. Mémorial de Caen.

Albert Speer, le successeur de Todt au ministère du Reich pour l'Armement et les Munitions. NARA.

Hugo Speerle, la 3ᵉ *Luftflotte* ne rassemblait plus que 15 à 20 % de la totalité des forces aériennes allemandes pour faire face aux formations anglo-américaines. Aussi le général Milch était-il contraint de choisir un autre mode de mise en œuvre pour la bombe volante, sans renoncer définitivement aux lancements par avions. Comme il n'était pas envisageable que la bombe volante décolle par ses propres moyens, il était décidé que *die Flugbomb* (la bombe volante) serait catapultée, comme le sont les avions, depuis

V1 d'essai, enveloppe d'acier remplie de 2 tonnes de béton.
Rémy Desquesnes.

le pont d'un navire de guerre. Deux firmes, *Rheinmetall-Borsig* de Berlin et *Hellmuth Walter* de Kiel, étaient chargées, la première, de la construction de la rampe de lancement et, la seconde, une firme experte dans la production d'énergie grâce à l'utilisation de réactifs chimiques, de la *Walter-Schleuder* ou catapulte Walter ainsi que du tube du canon. Le 24 décembre 1942, veille de Noël, on inaugurait au pas de tir de Peenemünde-Karlshagen le premier lancement à partir d'une rampe improvisée, longue de près de 100 m. Pointée vers le nord, au-dessus de la plage, en direction de la mer, posée sur un remblai de terre présentant une faible pente, la rampe supportait un chariot sur lequel reposait un *Ballastkörper*, ou bombe volante d'essai, lestée de béton.

Bref, deux programmes d'armes secrètes avançaient simultanément dans les centres de recherches sur l'île de Usedom : l'un, de loin le plus compliqué et le plus sophistiqué, celui de la fusée A4, conduit par l'armée,

Eperlecques-Le Blockhaus : engin V1 sur une rampe. Rémy Desquesnes.

l'autre, sans prétention, mené par la *Luftwaffe,* le Fi 103, beaucoup plus simple et peu coûteux, ce qui permettait d'envisager de sacrifier des milliers d'engins pour bombarder Londres, tout en économisant des vies de pilote et l'essence du vol de retour. S'interrogeant sur l'utilité de mener deux projets à Peenemünde, le ministère de l'Armement demandait, en mai 1943, un test comparatif des deux nouvelles armes qui se disputaient les faveurs de Hitler afin d'en mesurer le potentiel militaire et de juger de leur état d'avancement. L'essai qui avait lieu sur l'île d'Usedom, devant Speer accompagné de l'amiral Doenitz, du général Milch et de plusieurs généraux dont le comte von Stauffenberg, fut un succès total pour la fusée, mais, en revanche, un piteux échec pour la *Flugbomb-Fi 103,* future V1, qui rata ses

deux catapultages. Malgré ce fiasco qui montrait que d'énormes problèmes techniques restaient encore à résoudre au niveau de la catapulte, de la rampe et de l'unité de propulsion, la Commission des armes à longue portée décidait de maintenir les deux programmes, les considérant comme complémentaires plutôt que comme rivaux. Mis au courant du résultat des tests de tirs, Hitler, quelque peu déçu par la lenteur de la progression des travaux, fixait le déclenchement de la grande offensive des *Neue Waffen* (nouvelles armes) sur Londres pour Noël 1943. Malgré le verdict de la Commission, une sourde compétition se renforçait entre les deux armes, sachant que le tout-puissant Speer, dans le domaine de la répartition des produits industriels rares, affichait une nette préférence pour le projet de la fusée.

Un missile dans un magazine suisse

Radar *Würzburg*, le radar le plus performant de l'armée allemande, utilisé pour suivre le vol des armes secrètes. Archives de la Marine, Vincennes.

A la fin du mois de juin 1943 arrivèrent à l'*Erprobungsstelle* de Zinnowitz les premières sections de la rampe de lancement conçue par *Rheinmetall* ainsi que le *Dampferzeuger*, ou catapulte, en réalité un générateur de vapeur sous haute pression. A plein régime, le canon à vapeur fournissait une accélération de 19 g, en d'autres termes il était capable de donner, en moins d'une seconde, à un engin de plus de 2 tonnes une accélération de plus de 300 km/h au bout d'une rampe longue de 45 m. Cependant, au début juillet, les performances de la bombe volante demeuraient encore médiocres, hormis la vitesse qui dépassait les 500 km/h. On était encore loin d'une bombe volante opérationnelle : les écrasements au sol, à proximité de la rampe, représentaient encore un bon tiers des lancements. Ces multiples défauts non encore maîtrisés par les techniciens expliquent que, dans son

Journal personnel, Goebbels, en parlant des armes secrètes, ait pu écrire : « ... on continue énergiquement à les mettre au point mais pour le moment le Führer n'en attend pas beaucoup... Si on entreprend une opération de représailles, encore faudrait-il qu'elle ait des effets destructeurs. »

Une fois les nouvelles rampes montées avec leur puissant canon à vapeur Walter vissé à leur extrémité inférieure, les tirs d'essais recommencèrent en direction de la Baltique. Pour suivre le vol des bombes volantes, en plus de la collaboration de la marine et des postes d'observation de l'armée établis

Joseph Goebbels, ministre de la Propagande dès 1933. AKG-Images.

Le général Speerle inspectant un régiment de parachutistes. Bundesarchiv.

sur le rivage, on utilisait l'observation aérienne menée à partir d'un *Messerschmitt 410* doublée du repérage par les puissants radars installés sur l'île de Rügen, en Baltique. Selon la station de détection, il apparaissait que l'un des engins, toujours tirés parallèlement à la côte poméranienne, était tombé en mer à moins d'un kilomètre de son objectif, après avoir parcouru plus de 150 miles, soit 240 km. C'était un succès total, autant pour la portée que pour la précision. En revanche, quelques jours plus tard, toujours en août 1943, les ingénieurs furent moins chanceux lorsqu'ils procédèrent au lancement d'un missile d'essai à partir d'un avion, au-dessus de la Baltique : après un vol de 120 km, l'engin, au lieu de s'abîmer en mer comme programmé dans le plan de vol, continua sur sa trajectoire et tomba sur l'île danoise de Bornholm, au large de la Suède. Malencontreusement pour les chercheurs, la nouvelle arme secrète qui n'était, il est vrai, qu'un missile d'essai, fut photographiée par un agent de renseignements et les photos ne tardèrent pas à être envoyées aux services secrets militaires à Londres, puis à être publiées, quelques jours plus tard, dans un magazine suisse !

Les *Mittelwerke*

Outre l'affaire de la bombe volante tombée sur Bornholm, île danoise occupée par les Allemands mais où les agents alliés étaient nombreux, la grande catastrophe du mois d'août 1943 fut le bombardement de la base de recherches de Peenemünde par l'aviation britannique. Dans le KTB, ou Journal de guerre du 155ᵉ Régiment d'artillerie anti-aérienne du général Wachtel, Journal qui commence deux jours plus tôt, soit le 15 août, date de la création de la nouvelle unité, on apprend que le terrible bombardement allié (opération *Hydre*) de la nuit du 17 au 18 août 1943, effectué à l'aide de *Brandbomben und Phosphorenbomben,* ou

Les galeries souterraines des *Mittelwerke*.

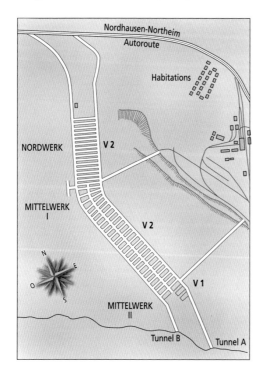

bombes incendiaires et au phosphore, avait principalement touché le site de l'armée installé à Peenemünde-Ost, c'est-à-dire le centre d'essais de l'armée ou, si l'on préfère, celui de la mise au point de la fusée A4. Mais il n'avait pas épargné non plus le centre d'essais voisin de la *Luftwaffe* de Karlshagen-Zempin. Aussi, une semaine après la catastrophe, le régiment, en attendant le déblaiement et la reconstruction de ses installations, quittait-il l'île d'Usedom pour une région plus éloignée et plus sûre, d'abord en Prusse occidentale, puis en Prusse orientale, non loin de Königsberg, pour poursuivre des exercices d'entraînement sur de nouvelles rampes construites dans l'intervalle par des prisonniers russes. De nouveaux bombardements aériens, cette fois sur les usines aéronautiques *Fieseler* de Kassel et les ateliers *Volkswagenwerke* de Fallersleben, deux firmes qui avaient quasiment obtenu le monopole de la production en série des 5 000 premiers V1, désorganisaient totalement le programme de construction du futur V1 et réduisaient les tirs d'entraînement faute de livraison des bombes volantes.

Pour échapper aux alertes aériennes, les *Volkswagenwerke* et bien d'autres entreprises recrutées par le ministère de l'Armement prenaient alors le parti d'installer leurs machines-outils dans d'anciennes galeries de mines pour y assembler V1 et V2. Longues de près de 2 km, ces galeries situées sous le massif de Harz, au cœur de l'Allemagne, non loin de la ville de Nordhaussen, étaient transformées en un immense atelier, baptisé *Mittelwerke* (établissements du Centre).

Vue prise par un soldat américain, en avril 1945, d'une galerie des *Mittelwerke* où étaient construits les V1. NARA.

Cette usine souterraine allait profiter d'une inépuisable main-d'œuvre concentrationnaire placée sous la garde d'impitoyables brutes SS commandées par le général Kammler, un des disciples à la botte de Himmler. Bombardements et déménagements provoquaient des retards de plusieurs mois dans la mise en œuvre des armes secrètes. Au lieu de Noël 1943, Hitler fixait la date du déclenchement du feu d'artifice sur l'Angleterre au 15 février 1944. D'autres retards viendront encore s'ajouter à la désorganisation de la production causée par les raids aériens, mais, cette fois, en raison des difficultés de

Vue des larges galeries souterraines des *Mittelwerke*.
M. Bornemann, Geheimprojekt Mittelbau...

Camp de Dora, sur la colline de Kohnstein, près de Nordhausen. Un prisonnier français encore revêtu du pyjama rayé montre à un soldat américain les stocks de pièces détachées servant à la construction des armes secrètes.
Keystone-France.

mise au point de la fusée A4 ou d'explosions inexplicables de nombreux missiles après leur catapultage. Bien qu'ignorés de la population, ces multiples délais rendaient Goebbels, comme on l'a vu, bien pessimiste dans son propre journal privé. En revanche, lorsqu'il s'adressait à ladite population, ce qu'il faisait régulièrement dans l'éditorial de l'hebdomadaire *Das Reich*, le ministre de la Propagande adoptait un autre ton, plus triomphaliste : « ... bientôt, l'Allemagne, avec ses armes de représailles, fera payer à l'Angleterre tout le mal qu'elle a fait à la population allemande (...) et ces nouvelles armes pourraient bien changer la face de la guerre. » Il fallait bien redonner espoir à la population alors que, sur le front de l'Est, au cours de cet été 1943, l'initiative stratégique venait définitivement de passer à l'Armée Rouge.

La question du lancement des armes secrètes

Au tout début du printemps 1943, Hitler réunissait à Berlin Speer et divers généraux impliqués dans le programme des armes secrètes afin de fixer le mode de mise en œuvre de ces engins à longue portée. Soutenu par Speer et le général Milch, Hitler déclarait que le lancement des armes secrètes devait s'effectuer à partir de grandes bases fixes, construites *an der Kanalfront*, sur le front de la Manche, dans le nord et l'ouest de la France, en arrière des côtes et protégées des bombardements aériens, à l'instar des abris pour *U-Boote*, par une dalle de béton épaisse de plus de 5 m. La construction des huit *Sonderbauten*, ou ouvrages spéciaux, conçus à la fois comme des centres de stockage, de préparation et de lancement des armes, devait être confiée à l'Organisation Todt, qui avait déjà fort à faire avec le programme démentiel de la construction de l'*Atlantikwall*. Parmi les

Mesnil-au-Val : rampe de La Sorellerie.
Rémy Desquesnes.

huit bunkers géants, quatre étaient destinés au lancement de la fusée A4, trois à celui de la bombe volante Fi 103, et le dernier au V3, canon chargé de bombarder Londres. Ce choix du lancement des armes secrètes à partir d'énormes constructions en béton n'était pas partagé par les généraux d'artillerie Dornberger et Heinemann, futur commandant des corps d'armée spécialisés dans le lancement des armes V. Ils étaient plus favorables à la construction d'une centaine de sites de lancement de faible dimension dispersés dans la campagne afin d'échapper aux bombardements alliés. Nombreux et disséminés en arrière des côtes, de Cherbourg à la frontière belge, ces sites permettraient d'alterner les tirs et d'échapper au repérage par radar. Comme bien souvent, Hitler ne trancha pas et les deux modes très différents de mise en œuvre des *Wunderwaffen* ou armes miracles (en abrégé *Wuwa)*, comme les qualifiait la propagande, allaient cohabiter sur le front. Disons, sans empiéter sur la suite, que les événements devaient donner entièrement raison aux deux généraux d'artillerie.

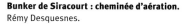

Bunker de Siracourt : cheminée d'aération.
Rémy Desquesnes.

La création du *LXV Armeekorps* ou le LXV Corps d'armée

Afin de disposer d'un commandement unique pour la mise en opération des deux armes secrètes, prévue initialement pour Noël 1943 puis ajournée au 15 février à la suite du bombardement de Peenemünde et encore retardée par la suite, Hitler créait, le 22 novembre 1943, le *LXV Armeekorps* (en abrégé AK), ou corps d'armée, confié au général d'artillerie Erich Heinemann. Le LXV AK, qui comptait environ 12 000 hommes, réunissait ainsi sous un même commandement une unité d'artillerie de l'armée, chargée de la mise en œuvre de la fusée A4 (le 191ᵉ Régiment d'artillerie), commandée par le général Metz, et un détachement de la *Flak*, le 155ᵉ Régiment du général Wachtel, unité provenant de la *Luftwaffe*, chargée du lancement des *Flügelbomben* (bombes volantes), baptisées plus tard V1. Installé à Maisons-Laffitte, non loin du quartier général du maréchal von Rundstedt, le commandant en chef sur le front Ouest, le LXV AK de Heinemann avait pour mission d'entraîner les troupes, de surveiller la construction des sites de lancement ainsi que celle des *Sonderbauten,* ou ouvrages spéciaux, et de mettre en œuvre les armes nouvelles lorsque le commandement l'ordonnerait.

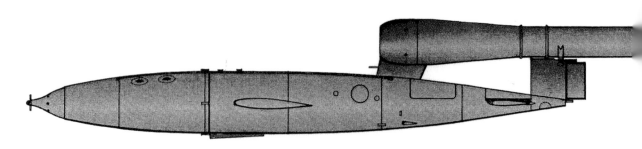

V1, vue du missile : fuselage surmonté de la tuyère ou tube Argus.

Les *Sonderbauten* ou les ouvrages spéciaux

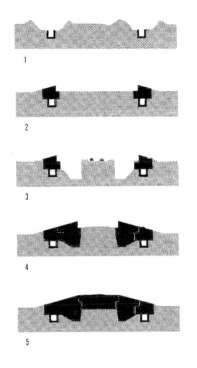

La méthode de construction de l'Erdschallung

En 1 et 2 creusement et bétonnage des tranchées

En 3 dégagement de deux larges tranchées

En 4 bétonnage des piédroits devant supporter poids du toit

En 5 mise en place de la dalle de couverture

En 6 excavation du grand hall

Dessins extraits de Richard A .Young, *The flying bomb*.

Croquis montrant le principe de construction mis au point par les ingénieurs de l'Organisation Todt, dit *Erdschallung* ou coffrage de terre.

Alors qu'elle travaillait à édifier un mur de béton sur les côtes de l'Europe de l'Ouest (projet de l'*Atlantikwall*) pour empêcher un débarquement allié, l'Organisation Todt recevait l'ordre, au milieu de l'été 1943, de construire huit énormes bunkers, ou bases de lancement fixes, plus une centaine de rampes de lancement et un certain nombre de grands dépôts d'approvisionnement, en commençant, d'abord, c'était l'ordre de Hitler, par le bunker de lancement des fusées A4 dit de Watten par les Alliés, en réalité ouvrage qui est situé dans la forêt d'Eperlecques, non loin de Saint-Omer.

Selon les plans, il était prévu, pour le lancement de la bombe volante, de construire trois bunkers géants désignés également sous le nom de code de *Wasserwerke* (usines hydrauliques). Ces trois *Sonderbauten* (ouvrages spéciaux) étaient situés l'un dans la péninsule du Cotentin et les deux autres dans le nord de la France. Dès le mois d'août 1943, leur construction avait commencé : dans la péninsule du Cotentin au sud de Cherbourg, à Couville, site désigné dans le KTB sous les initiales B8 et, à 450 km

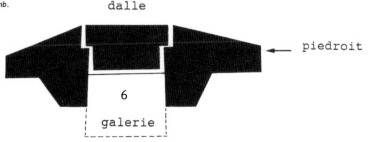

dalle

piedroit

6

galerie

de là, à Lottinghem et Siracourt, dans le Pas-de-Calais. Ces trois *Abschussbasen* (bases de lancement) devaient être toutes construites selon une nouvelle et astucieuse technique dite *Erdschallug*, mise au point par les ingénieurs de l'Organisation Todt, afin de mettre les ouvrages à l'abri des bombardements aériens.

Cette technique consistait à commencer par le bétonnage de la dalle de couverture directement sur le sol, puis à dégager ensuite la terre à l'abri sous l'épaisse couverture de béton. La nouvelle méthode de construction est parfaitement illustrée par le dessin, la photographie aérienne de l'IGN et la photo au sol du site de Siracourt, non loin de Saint-Pol-sur-Ternoise, ci-joints. Comme les autres sites, Siracourt était bâti non loin d'une voie de chemin de fer, ce qui permettait l'approvisionnement du chantier par trains chargés d'abord de matériaux de construction et, plus tard, de bombes volantes, provenant directement du Reich. Des trois sites, Siracourt était celui dont le gros œuvre était le plus avancé, sinon quasiment achevé.

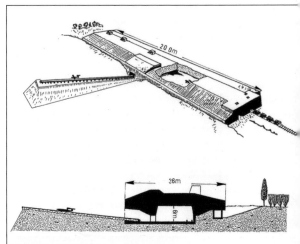

Bunker-géant de Siracourt- *En haut, plan de l'ouvrage reconstitué, par la mission scientifique britannique Sa chargée d'étudier les grands ouvrages allemands liés au lancement des armes secrètes. En bas, coupe du bunker permettant de voir le grand hall, la rampe et à l'opposé la tranchée initiale sur laquelle s'appuie le piédroit. Archives du Sanders Report*

Siracourt : bunker géant destiné au lancement du V1.

Siracourt : dalle de couverture, aujourd'hui recouverte de mousses, et cheminées d'aération. Rémy Desquesnes.

Photo aérienne verticale du bunker de Siracourt. IGN, Paris.

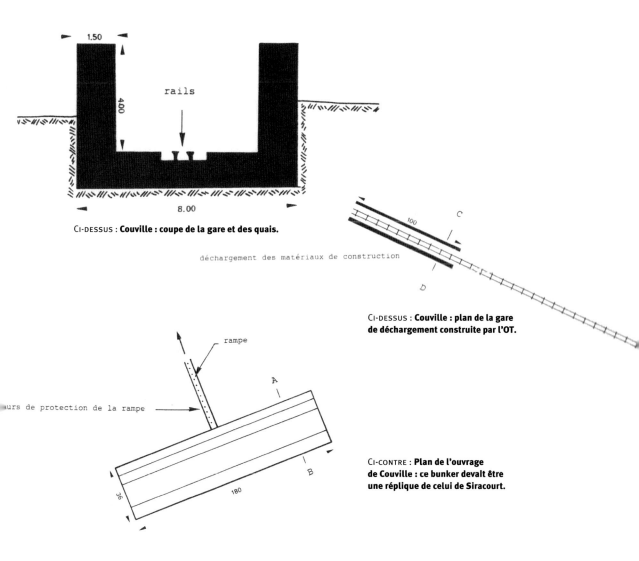

Ci-DESSUS : **Couville : coupe de la gare et des quais.**

déchargement des matériaux de construction

Ci-DESSUS : **Couville : plan de la gare de déchargement construite par l'OT.**

Ci-CONTRE : **Plan de l'ouvrage de Couville : ce bunker devait être une réplique de celui de Siracourt.**

Le moins avancé, en revanche, était celui de Lottinghem, frère jumeau de Siracourt. Construit par la firme berlinoise *Polensky u. Zoeller,* toujours selon la technique de l'*Erdschallung,* ou du « coffrage de terre », le bunker de Siracourt mesurait 200 m de long sur une quarantaine de large. Il était protégé contre les bombes par un toit de 5 m d'épaisseur lourdement armé. Le dessin montre l'ouvrage fortifié surmonté de plusieurs cheminées d'aération, la voie ferrée qui le tra-versait de part en part, ainsi que la rampe de lancement édifiée à l'extérieur du bâtiment sur un remblai de terre et orientée vers Londres. A l'intérieur du bunker, on trouvait les quais de déchargement des missiles, les magasins de stockage des bombes volantes, des explosifs et des produits chimiques nécessaires au fonctionnement de la catapulte, les réservoirs de carburant, les ateliers d'assemblage et de préparation du V1 ainsi qu'une chaufferie et

Couville : mur de protection de la gare et des quais de déchargement. Rémy Desquesnes.

des installations de ventilation. En principe, Siracourt, comme les autres bunkers géants, devait envoyer sur Londres une centaine de V1 par jour, à partir de Noël 1943 !

A ces trois sites devait venir s'ajouter, un peu plus tard, celui de Brécourt, primitivement destiné au lancement des fusées V2 puis abandonné par l'armée au profit de la *Luftwaffe* après la destruction de l'ouvrage de Couville (novembre 1943). Sur la photographie aérienne d'origine américaine de Brécourt, datant de 1944, on distingue, en bas à droite, le fort de la Marine nationale des Couplets et, au-dessus, une batterie anti-aérienne qui comptait une demi-douzaine

Brécourt-Equerdreville : photo aérienne d'origine américaine montrant le parc à mazout de la Marine nationale et la rampe de lancement parfaitement dissimulée. Smithsonian Institution.

de canons. La flèche, à gauche, montre l'un des longs murs du bunker, l'autre étant caché par une épaisse végétation. Cet emplacement au pied du versant explique que Brécourt ne fut jamais repéré par la photo aérienne alliée mais seulement découvert par les troupes américaines, lors de la prise de Cherbourg. Le plan permet de voir le bunker avec ses deux murs parallèles et, en rouge, les longues galeries souterraines débouchant sur de profondes et immenses cuves à mazout, construites avant guerre par la Marine nationale pour ravitailler ses bâtiments. Ces grandes cuves devaient initialement servir à la préparation des fusées V2, puis, plus tard, au stockage des V1.

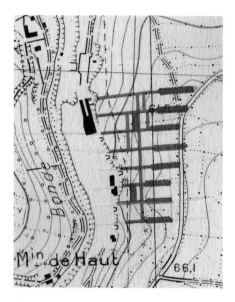

Brécourt : emplacement de la rampe et des galeries souterraines de la Marine nationale.

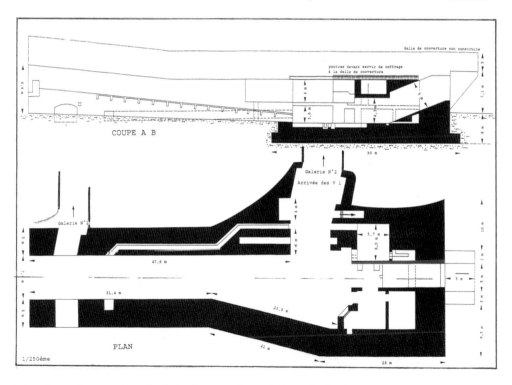

Brécourt : *Das Wasserwerk* **ou usine hydraulique, nom de code désignant les bunkers géants destinés au lancement des V1, comme celui de Brécourt. Plan et coupe de l'ouvrage situé à proximité de Cherbourg.** Archives de la Marine, Vincennes.

Brécourt : photo actuelle de la rampe de lancement. Rémy Desquesnes.

**Brécourt : photo américaine de l'ouvrage allemand lors de l'arrivée des Américains.
Le ferraillage de la dalle de couverture était déjà commencé.** NARA.

Brécourt, été 1944 : les filets de camouflage sont encore en place. NARA.

La construction des 96 *Abschussrampen* ou rampes de lancement

Constituant les archives du régiment, le KTB révèle que ce sont les services techniques du ministère de l'Air, à Berlin, qui avaient fixé le nombre de sites de lancement du futur V1 (64 sites principaux plus 32 sites de réserve), soit au total 96 *Stellungen* ou positions de tir. De même, Berlin avait déterminé les limites de l'arc de cercle constituant la zone de tir, s'étendant de Cherbourg à la frontière belge, et élaboré un plan standard de site de lancement. Chacun de ces sites devait comporter, outre l'*Abschussrampe*, ou rampe de lancement, protégée contre les bombardements par deux hauts murs en béton, une dizaine de bunkers (stockage, ateliers, bâtiment de réglage, abris divers) reliés par des routes en béton. Pour faire face à cette nouvelle charge de travail, l'Organisation Todt faisait appel aux firmes françaises de travaux publics, lançait dans les

Brix : le bâtiment amagnétique, baptisé *square building* par les pilotes britanniques. Rémy Desquesnes.

journaux une campagne de recrutement d'ouvriers en mettant en avant les hauts salaires versés et débauchait 40 000 *Arbeiter* ou travailleurs des chantiers de l'*Atlantikwall* pour les enrôler dans la construction des rampes de lancement. Selon le planning établi, l'OT devait achever la construction de la centaine de rampes de lancement pour le 15 novembre soit approximativement un mois avant le déclenchement de l'offensive, fixé initialement par Hitler à Noël 1943.

En cet automne 1943, le long des côtes de la Manche, à 1 000 km d'Inseln Usedom (île d'Usedom), la construction des rampes avançait sur un rythme accéléré et, à la mi-novembre, plus d'une quarantaine de sites étaient en cours de construction *im Luftraum Belgien, Nordfrankreich und im Raum Cherbourg* (dans l'espace aérien de Belgique, du nord de la France et dans le secteur de Cherbourg) ainsi que huit sites d'approvisionnement. Un mois plus tard, l'OT annonçait que la première tranche de travaux, soit 88 *Stellungen* (bases de lancement), était pratiquement achevée *im Haupteinsatzraum Saint-Omer-Amiens-Rouen* (dans la zone de lancement principale), auxquelles il faut ajouter les huit positions du Cotentin. Difficile à dissimuler au repérage aérien, le vaste chantier de Couville (B8), situé au sud de Cherbourg, subissait un bombardement ravageur, le 11 novembre 1943, quelques semaines avant le déclenchement de *Crossbow*, nom de code

Flottemanville-Hague : modèle de rampe originale avec – à l'instar de celle de Vacqueriette dans le Nord – l'extrémité de la rampe reposant sur de hauts dés en béton non protégés par les murs anti-éclats. Rémy Desquesnes.

Forêt de Nieppe, bois des Huit Rues : extrémité de la rampe.
Rémy Desquesnes.

Val Ygot : piste en béton caractéristique des sites de lancement de V1 de première génération, l'un des meilleurs repères d'une rampe pour les pilotes alliés. Rémy Desquesnes.

Flers (Pas-de-Calais) : vestiges de la rampe de lancement installée dans le village. Rémy Desquesnes.

La Sorellerie (commune de Mesnil-au-Val) : *square building* **et rampe.** Rémy Desquesnes.

utilisé pour désigner l'offensive aérienne alliée contre les *secret weapons* (armes secrètes). Totalement bouleversé, le chantier de Couville, qualifié de *large site* dans les sources de documentation d'origine anglaise, ne devait pas tarder à être abandonné par les Allemands. Le rapport rédigé par le régiment à propos de ce raid aérien mentionne, à la date du 29 novembre, que l'attaque, qui a eu lieu à 12 h 30, était menée par 187 bombardiers qui ont pratiquement tout saccagé, y compris une

bonne partie du matériel, et tué de nombreux ouvriers. *Der Verfasser des Kriegstagebuche*, ou le rédacteur du Journal, ajoute que, comme de coutume, les Alliés ont profité du bombardement pour lancer des tracts invitant les ouvriers français à déserter s'ils ne voulaient pas être tués avec les Allemands. Mis au courant de ces bombardements, Hitler, dans une de ses conférences, avouait à Jodl, le 20 décembre 1943, qu'il n'était pas surpris et qu'il fallait s'attendre à une riposte de l'aviation anglaise. Il ajoutait : « Es ist ganz klar, die Baustellen gehen Ihnen auf die Nerven… » (Il est bien clair que les chantiers de construction (d'armes secrètes) leur tapent sur le système) et il poursuivait : « S'il se construisait chez eux des choses de ce genre dont nous saurions qu'elles pourraient détruire Berlin, nous deviendrions nerveux nous aussi et presserions notre aviation d'agir. »

Les Petits Moreaux : bunker camouflé en ferme normande avec ses cheminées en briques.
Rémy Desquesnes.

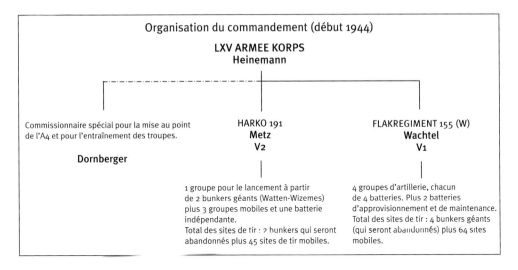

Organisation du commandement (début 1944)

LXV ARMEE KORPS
Heinemann

Commissionnaire spécial pour la mise au point de l'A4 et pour l'entraînement des troupes.

Dornberger

HARKO 191
Metz
V2

1 groupe pour le lancement à partir de 2 bunkers géants (Watten-Wizemes) plus 3 groupes mobiles et une batterie indépendante.
Total des sites de tir : 2 bunkers qui seront abandonnés plus 45 sites de tir mobiles.

FLAKREGIMENT 155 (W)
Wachtel
V1

4 groupes d'artillerie, chacun de 4 batteries. Plus 2 batteries d'approvisionnement et de maintenance.
Total des sites de tir : 4 bunkers géants (qui seront abandonnés) plus 64 sites mobiles.

Le 155ᵉ Régiment de *Flak* du général Wachtel

Après deux mois passés à divers entraînements au combat terrestre et aux tirs en Prusse, le 155ᵉ régiment était de retour, en octobre, à Zempin, sur l'île d'Usedom. Avant de gagner la France, chaque batterie devait encore suivre un stage de formation au tir le long des côtes poméraniennes. On est toutefois stupéfait par l'importance que tient encore dans le KTB la longue énumération des problèmes techniques relatifs à la mise au point du futur V1 : beaucoup d'éléments continuaient de présenter des faiblesses, qu'il s'agisse de l'unité de propulsion ou du pilote automatique qui peinait à corriger les facteurs de trouble au cours du vol, comme les effets d'un fort vent de travers, des rafales subites, des trous d'air ou de puissants courants thermiques ascensionnels. Bref, toutes ces imperfections cumulées faisaient que sur les 68 catapultages d'essai effectués au centre de Zempin, seuls 28 aient été des succès. Les autres bombes avaient soit explosé en plein

vol pour des raisons inconnues, soit étaient restées sur la rampe ou tombées à proximité, ce qui signifiait que le pulsoréacteur n'avait pas fonctionné avec suffisamment de puissance pour dépasser le seuil de la vitesse critique. Il est vrai, note Wachtel, que cette arme n'avait encore que deux ans...

Une fois l'entraînement terminé, les bataillons partaient, les uns après les autres, vers la zone d'opérations s'étalant en arrière des côtes françaises de la Manche. Ils trouvaient déjà sur place le personnel de la station météo mobile affectée à l'unité, chargée de la mise en œuvre de plus d'une demi-douzaine de ballons-sondes équipés chacun d'un émetteur destiné à transmettre aux stations au sol les paramètres caractérisant l'atmosphère (température, humidité, pression, vent...). En décembre 1943, tout le régiment avait quitté l'Allemagne et le commandement s'installait à Merlemont, non loin de Beauvais.

Opération *Crossbow*
5 décembre 1943

A peine arrivé en Picardie, le général Wachtel, commandant du 155e Régiment, devait assister au début de la puissante offensive aérienne alliée sur les emplacements destinés au lancement de la bombe volante dont les chantiers avaient été repérés, dès la seconde quinzaine de novembre, grâce aux renseignements fournis par la Résistance et par la reconnaissance photographique aérienne. Grâce à ces deux sources d'informations, les autorités

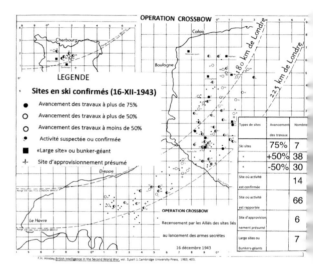

OPERATION CROSSBOW

LEGENDE

Sites en ski confirmés (16-XII-1943)

- ● Avancement des travaux à plus de 75%
- ◐ Avancement des travaux à plus de 50%
- ○ Avancement des travaux à moins de 50%
- • Activité suspectée ou confirmée
- ■ «Large site» ou bunker-géant
- ⊹ Site d'approvisionnement présumé

Types de sites	Avancement des travaux	Nombre
Ski sites	75%	7
"	+50%	38
"	-50%	30
Site où activité est confirmée		14
Site où activité est rapportée		66
Site d'approvisionnement présumé		6
Large sites ou Bunkers-géants		7

OPERATION CROSSBOW

Recensement par les Alliés des sites liés au lancement des armes secrètes

16 décembre 1943

F.H. Hinsley, British Intelligence in the Second World War, vol. 3 part 1, Cambridge University Press, 1983, 405.

Carte dressée le 16-12-1943 par les Services de Renseignements britanniques des sites de lancement et d'approvisionnement situés en arrière des côtes de la Manche.

CI-CONTRE : **La photo aérienne est la première source de renseignements des Alliés.** NARA.

britanniques étaient capables de dresser une carte des sites, en relation avec le lancement des armes secrètes, construits en bordure des côtes de la Manche, entre Calais et Cherbourg. Ce document exceptionnel, véritable chef-d'œuvre de précision des services de renseignements britanniques, datant du 16 décembre 1943, montre à la fois les sept *large sites* (bunkers géants, le huitième étant

Bombardiers américains en vol vers les usines du Reich. NARA.

le canon de Mimoyecques) ainsi que l'emplacement de 75 sites de lancement dits *ski-sites*, terme employé par les Alliés pour désigner la première génération de rampes

construites par l'ennemi en raison de l'aspect très particulier d'un bâtiment de stockage des V1 ayant la forme d'un ski posé de chant.

La campagne des bombardements aériens

Le 5 décembre 1943 marque le début de *Crossbow,* l'une des plus grandes opérations aériennes alliées de la Seconde Guerre mondiale, consistant à bombarder, en France, les sites de lancement des armes secrètes ainsi que les dépôts de stockage et, sur le territoire du Reich, les usines de production et les voies ferrées servant au transport des missiles. Cette offensive ne devait cesser de s'intensifier jusqu'à la fin du mois d'août 1944 pour diminuer considérablement par la suite. Il n'est donc pas étonnant qu'après le

Fleury (Pas-de-Calais) : bombardement de la rampe de lancement. DITE-USIS.

Rampe détruite après un bombardement aérien. Archives du Canada.

Bombardiers en route vers le Reich. NARA.

déclenchement de *Crossbow*, le KTB du régiment soit encombré d'une succession de rapports tous plus ou moins identiques, relatifs aux raids aériens alliés. Chaque jour sont étudiés, dans les moindres détails, les bombardements : types d'avions, de vol (haute ou basse altitude), attaque de jour ou de nuit, en une seule vague ou en plusieurs, types de bombes utilisés (de 50 à 500 kg), importance des dégâts matériels et des pertes en hommes énumérés site par site.

Sont décrits comme particulièrement mortels les mitraillages effectués par des chasseurs surgissant à grande vitesse et volant en rasemottes. En février, l'un des mois les plus difficiles pour l'unité, en raison d'une activité accrue de *Crossbow*, le 155e Régiment subissait 400 raids aériens menés par 7 000 avions qui lâchaient, au cours de ces 28 jours, 20 000 tonnes de bombes de différents calibres, détruisant totalement une vingtaine de sites, en endommageant 30 autres et tuant

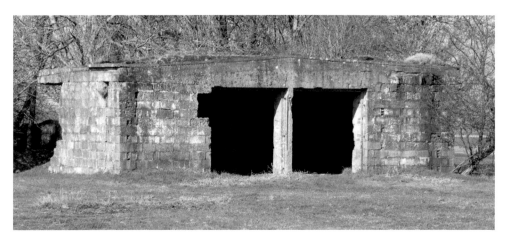

Domléger : bunker servant au dépôt des V1 avec double entrée. Rémy Desquesnes.

ou blessant près de 300 ouvriers de l'OT. Au total, entre le début décembre 1943 et le 13 juin 1944, jour du premier tir sur Londres, l'aviation alliée a lâché, sur les sites de lancement et sur les centres de stockage de V1, 36 000 tonnes de bombes ! Dans un

Brix : bombardement de la rampe de lancement dont on aperçoit les deux murs parallèles anti-éclats près du chiffre 1. NARA.

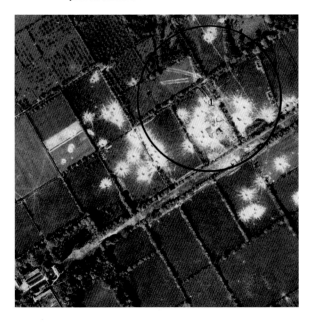

discours prononcé à la Chambre des communes, le 6 juillet 1944, après avoir fait le point sur les attaques lancées par l'aviation alliée sur les sites liés aux armes secrètes, Churchill ajoutait que sans cette intervention, « the bombardment of London would have started perhaps six months earlier and on a very much heavier scale » (le bombardement de Londres aurait commencé peut-être six mois plus tôt et sur une tout autre échelle).

Installés à proximité de la future zone d'opérations du régiment, les centres de stockage de V1 situés entre la frontière franco-belge et la Somme (à Renescure, Domléger et Sautricourt), entre Somme et Seine (à Saint-Martin-l'Hortier et Biennais) et en Basse-Normandie (à Bricquebec et Valognes) étaient eux aussi lourdement bombardés. Le KTB mentionne la construction de trois autres dépôts dans l'ouest de la France : un près de Chartres, un autre près de Mamers (à Villaines-la-Carelle) et un dernier dans le secteur d'Evreux. Outre qu'elles créaient de multiples cratères et donnaient aux sites une allure lunaire, ces *systematische Luftangriffe auf die Stellungen,*

CI-DESSUS : **Brix : rampe en juin 1944, lors de l'arrivée des Américains.** DITE-USIS.

Vacqueriette : rampe de première génération (flèche). Photo IGN, 1947, Paris.

ces attaques aériennes systématiques de l'ennemi sur les positions de tir, à chaque fois, coupaient les liaisons électriques et téléphoniques, retardaient l'achèvement des chantiers en multipliant les interruptions de travail et facilitaient les désertions des ouvriers. Dans ce domaine, ce sont les attaques de nuit qui facilitaient le plus les abandons de chantier en raison de l'insuffisance des forces de police. C'est en constatant la destruction progressive de ces *Abschussstellungen*, ou positions de tir, impossibles à dissimuler, que le régiment parvenait à la conclusion qu'il fallait construire des emplacements moins repérables que le KTB dénomma alors *II. Stellungssystem*, ou second système de positions.

La Résistance
dans l'*Abschussgebiet*
(dans la zone de lancement des VI)

Avec les patriotes polonais qui, en août 1943, ont réussi l'exploit de récupérer une fusée V2 et de la faire transférer à Londres par le biais de l'aviation alliée basée à Brindisi, les agents secrets français ont fait parvenir à *l'Intelligence Service* ou *IS* de nombreux renseignements – dont certains exceptionnels – relatifs aux mystérieuses armes secrètes tout en faisant preuve d'un grand héroïsme face à une répression impitoyable. On peut même dire qu'à partir de l'été 1943, l'espionnage des chantiers de construction des sites de lancement de V1 et V2 monopolise la quasi-totalité de l'activité des agents de renseignements français.

Alliance et Druides

En France septentrionale, deux centrales, *Alliance* de Marie-Madeleine Fourcade et *Agir* de Michel Hollard, deux organisations travaillant directement pour *l'Intelligence Service* (et non pour les services gaullistes) faisaient de l'espionnage sur des chantiers destinés aux *Vergeltungswaffen* (armes de représailles) leur spécialité. En communiquant chacun de leur côté des renseignements d'une grande valeur sur le plan scientifique ou bien – cadeau inespéré – les plans d'une installation de lancement, les patriotes ont permis au commandement allié de progresser dans la connaissance des

Carte montrant les *Sonderbauten* ou constructions spéciales dites encore bunkers géants, ainsi que les centres d'approvisionnement.

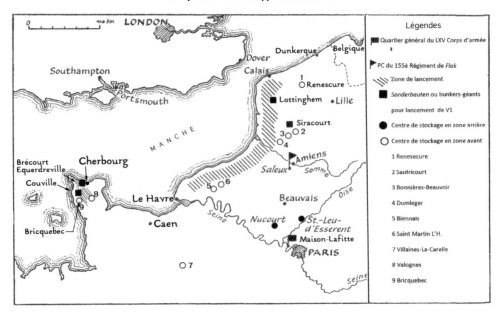

Brix : bunker abritant les réactifs. Rémy Desquesnes.

Yvrench : site de Bois Carré, grand atelier de type standard.
Rémy Desquesnes.

Portrait d'Amniarix, comtesse de Clarens, célèbre résistante française.

forces d'occupation. Elle devait ainsi entrer en contact avec le régiment Wachtel, l'unité chargée du lancement du V1. De ce fait, elle put fournir à Georges Lamarque, responsable du réseau *Druides,* des informations d'une grande précision grâce auxquelles les Alliés purent se faire une idée du mode de lancement de l'arme nouvelle, du nombre de batteries installées sur les rivages de la Manche, de la portée de l'engin et même de la cadence de tir des positions chargées de bombarder la capitale britannique. Envoyé à Londres, en octobre 1943, le rapport d'Amniarix était considéré par l'*IS* comme miraculeux. Bien plus, Amniarix laissait pressentir dans son message l'existence d'une seconde arme, une fusée d'une plus grande puissance destructrice. Avec ce coup d'éclat, la Résistance française pouvait être fière du travail accompli. Cet exploit ne se déroula pas, hélas, sans sacrifices : Georges Lamarque, membre de l'état-major d'*Alliance,* était exécuté sans jugement après s'être rendu aux Allemands pour épargner la vie des habitants du village où était installé son poste émetteur.

armes secrètes, de mettre au point la riposte et de sauver Londres de la destruction. Membre du réseau *Druides,* sous-réseau d'*Alliance,* Jeannie Roussau, alias Amniarix, travaillait comme interprète dans un organe de liaison entre le patronat français et les

Michel Hollard, un agent secret rattaché au *Secret Intelligence Service* (SIS). Site du Val Ygot.

Agir et Michel Hollard

Les informations d'Amniarix sur l'avion sans pilote étaient complétées, à peu près au même moment (automne 1943), par un autre rapport accompagné de plans détaillés des différentes installations de la rampe de lancement édifiée par les Allemands, dans le département de la Somme, sur la commune d'Yvrench, au lieu-dit Le Bois Carré. Cette fois, c'est le petit réseau franco-britannique

Yvrench : photo aérienne de Bois Carré (novembre 1943) prise par la RAF. Keele University.

Yvrench : plan du site de la rampe de Bois Carré dressé par Comps, dessinateur, membre du réseau Agir.

Yvrench : plan de la rampe dessiné par les services britanniques.

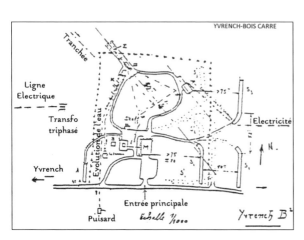

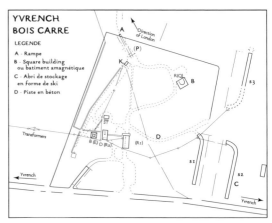

Agir, dirigé par l'ingénieur Michel Hollard, qui était à l'origine de cette information exceptionnelle, confirmée, dès le 3 novembre, par une reconnaissance photographique aérienne. Refusant systématiquement l'usage de la radio par mesure de sécurité, Hollard avait coutume de remettre lui-même ses courriers à l'ambassade de Grande-Bretagne à Lausanne. Avec la fourniture à l'*IS* des plans de la rampe du Bois Carré, il réalisait un vrai tour de force. Il s'agissait de la copie d'un calque allemand effectuée par André Comps, un dessinateur industriel, membre du réseau *Agir,* embauché par l'entreprise française chargée de la construction de la position de tir. Pour l'*IS,* c'était un travail remarquable, un vrai chef-d'œuvre d'espionnage. Jugement partagé dans l'excellent ouvrage de l'historien américain Douglas Porch, professeur de stratégie au collège naval de Rhode Island et spécialiste de l'histoire de France. L'historien américain écrit dans son livre *The French Secret Services :* « … Probablement, la contribution la plus importante de la Résistance française a consisté à découvrir et faire échouer les attaques de V1 et de V2 sur l'Europe, par exemple grâce l'ingénieur qui se fit embaucher dans le but de dessiner un plan de site V1. »

En février 1944, Hollard et le dessinateur Comps, l'homme qui avait recopié le plan allemand, étaient arrêtés, torturés puis envoyés en camp de concentration d'où ils devaient heureusement revenir. A la suite du bombardement des sites de V1 les uns après les autres, le régiment Wachtel, privé de ses bases de lancement, se trouvait contraint, au début de l'année 1944, de modifier profondément son programme initial de tir et d'envisager la construction d'un autre type de site de lancement mieux dissimulé au repérage aérien.

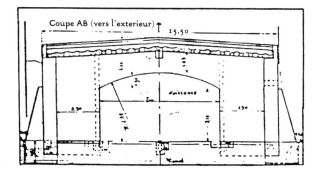

Yvrench : dessin du bâtiment amagnétique fait par Comps et envoyé à Londres par Hollard.

Yvrench : le *square building* ou bâtiment amagnétique.
Rémy Desquesnes.

Le Val Ygot, site fort bien entretenu et parfaitement mis en valeur par une association de bénévoles. Rémy Desquesnes.

Eperlecques-Le Blockhaus : V1 sur sa rampe. Rémy Desquesnes.

Le rapport du général Heinemann
janvier 1944

Les interrogatoires de pilotes alliés abattus avaient tout à fait confirmé les craintes de Heinemann et de Wachtel, à savoir que *der Gegner* (l'ennemi) n'avait aucune difficulté à repérer les vastes sites de lancement. S'étendant sur plusieurs hectares, comportant chacun une dizaine de bâtiments plus une

Maisoncelle (Pas-de-Calais) : dessin très complet de la rampe du village, 22 avril 1944.

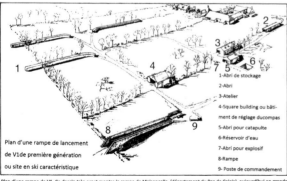

1-Abri de stockage
2-Abri
3-Atelier
4-Square building ou bâtiment de réglage ducompas
5-Abri pour catapulte
6-Réservoir d'eau
7-Abri pour explosif
8-Rampe
9-Poste de commandement

Plan d'une rampe de lancement de V1de première génération ou site en ski caractéristique

Plan d'une rampe de V1. Ce dessin très exact montre la rampe de Maisoncelle (département du Pas de Calais), aujourd'hui en grande partie disparue. Ce dessin est extrait de l'ouvrage du Colonel de l'USAF Gene Gurney, *The War in the Air. World War II*, 184.

rampe longue de plus de 40 m, le tout relié par des pistes bétonnées, les bases de lancement ne pouvaient échapper aux aviateurs ! Dans son rapport rédigé à la fin du mois de décembre 1943, Heinemann mettait donc Hitler au courant de la nécessité d'abandonner les 96 sites permanents du premier système, tous détectés par l'ennemi, et d'en construire de nouveaux *less pretentious* (moins prétentieux), écrit avec malice Churchill dans ses Mémoires.

Plus simples, moins étendus, ne comportant, outre quelques petits bâtiments dissimulés sous les frondaisons, que les fondations destinées à supporter le bâti de la rampe et quelques pistes faites de rondins, ces nouvelles *Stellungen* (positions) devaient aisément se fondre dans le paysage environnant. « Le béton n'est pas toujours la solution la plus adéquate contre les bombardements aériens », écrivait Heinemann.

L'utilisation du camouflage naturel et d'équipements simples faciles à dissimuler, la dispersion des installations avec des tirs alternés entre les différentes positions et l'utilisation de galeries souterraines pour le stockage en arrière des bases de lancement semblaient à Heinemann une bien meilleure solution. Il soulignait ensuite l'urgence qu'il y avait de renforcer les mesures de sécurité, en commençant par exclure des chantiers en rapport avec les armes secrètes tous les ouvriers français en raison du fait que certains étaient des agents de l'ennemi. On pourrait cependant maintenir la main-d'œuvre française sur quelques sites du premier système (les *ski-sites*) de façon à tromper la reconnaissance photographique alliée et à y attirer les bombardiers. En terminant son rapport, Heinemann mentionnait qu'en raison de nombreux problèmes techniques sur la fusée V2 et de la nécessité de construire de nouveaux sites plus

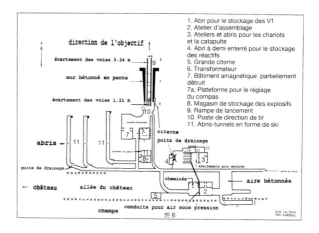

1. Abri pour le stockage des V1
2. Atelier d'assemblage
3. Ateliers et abris pour les chariots et la catapulte
4. Abri à demi enterré pour le stockage des réactifs
5. Grande citerne
6. Transformateur
7. Bâtiment amagnétique partiellement détruit
7a. Plateforme pour le réglage du compas
8. Magasin de stockage des explosifs
9. Rampe de lancement
10. Poste de direction de tir
11. Abris-tunnels en forme de ski

Brix : plan de la rampe dessinée par des ingénieurs américains (juin 1944).

discrets pour le lancement de la bombe volante, l'offensive des armes nouvelles ne pourrait débuter au mieux que dans quatre ou cinq mois. Ce rapport était remis au maréchal Keitel, lors de sa visite au quartier général de la 15e Armée à Tourcoing, le 10 janvier 1944.

Mesnil-au-Val, la rampe aujourd'hui : 1 - rampe 2 - piste 3 - bâtiment amagnétique 4 - abris divers 5 - atelier. Delta-Romeo.

Les rampes de Ière génération

Brix : piste en béton parallèle à l'allée du château et abri coudé devant servir au stockage des V1 fort bien dissimulé. Rémy Desquesnes.

Domléger : bâtiment de stockage de V1. Rémy Desquesnes.

Nouainville : abri simple non coudé. Rémy Desquesnes.

Saint-Martin-L'Hortier : grand centre d'approvisionnement constitué de nombreux bunkers fort bien conservés. Rémy Desquesnes.

Ligescourt : puits en béton. Rémy Desquesnes.

Flottemanville-Hague : dés en béton devant supporter les supports métalliques de la rampe. Rémy Desquesnes.

Valognes : grand bâtiment de stockage. Rémy Desquesnes.

Valognes : la plupart des bâtiments de stockage sont construits en briques. Rémy Desquesnes.

Biennais : site de stockage. Rémy Desquesnes.

Valognes : bâtiment partagé en deux travées permettant la circulation des camions. Rémy Desquesnes.

Bonnières-Beauvoir : abris de stockage après un bombardement par l'US Air Force. Rémy Desquesnes.

Les sites modifiés

Dès le début du mois de février, des bataillons de la *Luftwaffe*, aidés de prisonniers russes qui n'avaient aucun contact avec la population locale, entamaient la construction d'une centaine de sites modifiés. Implantés pour l'essentiel hors de la *Haupteinsatzraum*, ou zone principale d'opérations du Pas-de-Calais, ces nouveaux emplacements étaient situés entre Somme et Seine, entre Seine et Orne et dans le nord de la péninsule du Cotentin. Ne comportant comme installations fixes que quelques petits abris adroitement dissimulés ou enterrés, plus un double alignement de cubes en béton pour supporter l'armature de la rampe constituée d'éléments préfabriqués et boulonnés ensemble, prolongée, à une extrémité, par une dalle de béton destinée au réglage du compas, la construction des sites simplifiés faisait de gros progrès. Alors qu'une rampe de

Nouainville : Le Bel Hamelin, hameau où fut découverte la première rampe modifiée. Rémy Desquesnes.

première génération exigeait pour sa mise en place une bonne semaine, il fallait moins de deux jours et, plus tard, moins de dix heures pour installer le système de lancement sur un site modifié.

En dépit d'un camouflage soigné, cette seconde génération de rampes de lancement était pourtant repérée lors d'une opération de couverture photographique aérienne des côtes de la Manche à l'échelle du 1/8 000 par

Le Quesnoy : plan d'une installation modifiée.

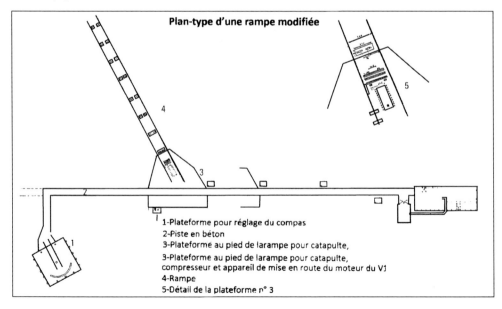

Plan-type d'une rampe modifiée

1-Plateforme pour réglage du compas
2-Piste en béton
3-Plateforme au pied de larampe pour catapulte,
3-Plateforme au pied de larampe pour catapulte, compresseur et appareil de mise en route du moteur du V1
4-Rampe
5-Détail de la plateforme n° 3

l'aviation alliée, réalisée en avril 1944 dans le nord du Cotentin, au hameau Belhamelin sur le territoire de la commune de Nouainville, au sud-ouest de Cherbourg. Un mois plus tard, explique le lieutenant-colonel de l'*US Army* Helfers, dans son excellente étude intitulée *The employment of V-Weapons,* les Alliés avaient déjà identifié 66 *modified sites* sur la bonne centaine déjà construite ou en voie d'achèvement.

Au fur et à mesure de leur repérage, ces emplacements demeuraient toutefois bien énigmatiques dans la mesure où ces nouveaux sites étaient dépourvus des deux longs murs parallèles chargés de protéger la rampe de lancement contre les bombardements aériens, ainsi que du *square building* ou bâtiment amagnétique, deux installations

caractéristiques des sites de première génération. Fortement soupçonnées de servir au lancement des armes secrètes, ces nouvelles installations étaient par précaution systématiquement inscrites sur les listes *Crossbow*. Grâce aux informations fournies par les réseaux de renseignements, Londres ne tarda pas à apprendre que les Allemands avaient réquisitionné d'anciennes galeries souterraines dans des carrières pour y stocker leurs missiles. Il s'agissait notamment, en Ile-de-France, des carrières de Nucourt (nom de code *Nordpol*), des vastes et très anciennes galeries souterraines de Saint-Leu-d'Esserent (désignées, dans le KTB, sous le nom de code *Leopold*) et, en Champagne, du long tunnel ferroviaire de Rilly-la-Montagne creusé sous la Montagne de Reims.

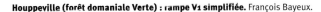

Houppeville (forêt domaniale Verte) : rampe V1 simplifiée. François Bayeux.

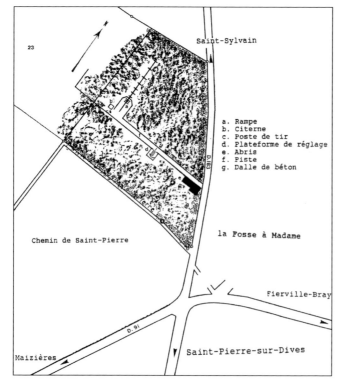

a. Rampe
b. Citerne
c. Poste de tir
d. Plateforme de réglage
e. Abris
f. Piste
g. Dalle de béton

CI-DESSUS : **Le Pré d'Auge : discrets bâtiments d'une rampe modifiée construits dans une allée de propriété, sous les arbres.**
Rémy Desquesnes.

CI-CONTRE : **Fierville-en Bray : plan de la rampe simplifiée.**

Cɪ-ᴅᴇssᴜs :**Louvagny : site de rampe de lancement de V1 modifiée construit en béton (dalle de couverture) et en briques.** Rémy Desquesnes.

Eɴ ʜᴀᴜᴛ à ɢᴀᴜᴄʜᴇ : **Louvagny : abri pour la catapulte.** Rémy Desquesnes.

Cɪ-ᴄᴏɴᴛʀᴇ : **Louvagny : plate-forme standard située à l'extrémité de la rampe.** Rémy Desquesnes.

Cɪ-ᴅᴇssᴏᴜs : **Louvagny : rigoles en béton destinées à éviter tout recul de la catapulte.** Rémy Desquesnes.

Essais à longue portée de la *Flügelbomb* à Zinnowitz

Pendant qu'en France le régiment de Wachtel s'installait sur les nouveaux sites, à 1 200 km de là, sur l'île d'Usedom, les ingénieurs, en ce début de printemps 1944, continuaient de mener une série d'essais de lancement à longue portée afin d'établir les tables de tir de l'arme nouvelle. Pour ces ultimes mises au point, la *Luftwaffe* avait construit en bordure du rivage, à proximité de Zempin-Zinnowitz, trois nouvelles rampes,

toujours orientées en direction de la Pologne, le long de la côte poméranienne. Afin d'obtenir des informations sur les points de chute, quelques projectiles étaient équipés d'un appareil radio-émetteur baptisé FuG23, donnant la position de l'engin au moment de l'arrêt du moteur et de l'amorce du piqué au-dessus de la cible, lui-même programmé en atelier avant le catapultage. Pour suivre le vol des missiles d'essais le long de la côte

À DROITE **: Exemple de rampe modifiée quelque part dans le nord de la France.** Rémy Desquesnes.

Eperlecques-Le Blockhaus : piston au pied de la rampe. Rémy Desquesnes.

pomeranienne, la *Luftwaffe* mettait en alerte les radars du secteur, en particulier les stations de Göhren sur l'île de Rügen et d'Olsker sur Bornholm. Sur Rügen, la *Luftwaffe* disposait d'un nouveau radar, baptisé *Würzmann*, conçu par la firme *Telefunken*, qui combinait à la fois les performances du *Würzburg* et le type d'antenne élevée du *Wassermann*. C'est ce condensé de technologie qui obtiendra par inadvertance, en janvier 1944, le premier écho radar de la lune, 2,5 secondes après l'émission du signal ! Sur Bornholm, les Allemands disposaient d'une très puissante station radar dotée de divers types d'appareils ainsi d'ailleurs qu'à Heringsdorf, sur Usedom. Tous ces appareils étaient chargés de tracer point par point les trajectoires des engins.

Le bilan des tirs à longue portée montrait que certains missiles continuaient à se désintégrer en plein vol et d'autres à s'écraser à des distances variables de leur objectif. Cependant, la majorité tombait en Prusse occidentale, dans le secteur de la ville de Stolp, soit à environ 200 km de Zinnowitz, ou en pleine mer, au large de Leba, à près de 250 km. A l'issue de ces essais, à la date du 6 février 1944, écrit le rédacteur du KTB du régiment, le FZG 76 obtenait son certificat de navigabilité. Le journal donne même les dernières performances de l'engin : vitesse maximale entre 490 et 675 km/h selon l'altitude, ce qui demeurait encore insuffisant pour échapper aux chasseurs et à la DCA. Pour l'altitude justement, les essais

Radar Wassermann : pour suivre les tirs de V1 et surtout de V2, l'industrie allemande mettra au point un nouveau type de radar qui mélangeait les qualités du Würzburg avec la grande antenne du Wassermann afin de créer un nouvel appareil, baptisé Würzmann.

montraient qu'au-delà de 3 000 m, le pulso-réacteur perdait beaucoup de ses performances en raison de la raréfaction de l'oxygène. Quant à la dispersion, en fin de vol, elle était, dans les conditions les plus défavorables, de 15 km sur 15 et, dans les conditions les meilleures (absence de vent latéral), de 6 km sur 6.

DE GAUCHE À DROITE :
Humières : les dés de béton destinés à supporter la rampe sont tantôt doubles et tantôt accolés constituant un petit muret. Rémy Desquesnes.
Fresnoy : site de lancement caractérisé par de solides supports en béton. Rémy Desquesnes.
Créquy-sur-Loison : site de lancement assez semblable au précédent. Rémy Desquesnes.

Au cours de ces mois d'hiver 1943-1944, les bataillons du 155e Régiment d'artillerie anti-aérienne quittaient les bords de la Manche, à tour de rôle, pendant quelques semaines, pour Zinnowitz, sur les rives de la Baltique, pour un ultime stage au centre de recherche et de tir de la *Luftwaffe.* Le but de ce stage pour les artilleurs était de prendre connaissance des dernières améliorations apportées au V1 et de s'entraîner, avec les ingénieurs civils et militaires, aux tirs à longue portée ainsi qu'aux *Winckelschuss*, ou tirs angulaires. Cette technique offrait la possibilité pour toutes les rampes – en très grande majorité orientées sur Londres – de pouvoir tirer sur d'autres objectifs grâce à un changement de cap, effectué automatiquement quelques minutes après le catapultage au moyen d'un astucieux mécanisme mettant en route les gyroscopes agissant sur le pilote automatique. Toutefois, le changement de cap ne pouvait dépasser un certain seuil (30°) de part et d'autre de l'axe de la rampe.

A Zinnowitz, les soldats pouvaient également assister aux essais concluants du lancement de V1 par avion. Ce type de lancement sera utilisé, au cours de l'été et, surtout, à l'automne 1944, à partir des terrains d'aviation hollandais de Gilze-Rijen et, principalement, de Venlo. Une fois les stages achevés, une équipe d'ingénieurs militaires de Zinnowitz et d'ingénieurs civils appartenant aux firmes chargées de la construction de la nouvelle arme gagnait Merlemont pour être présents lors des premiers tirs contre l'Angleterre. Leur rôle était de conseiller l'état-major du régiment ou encore de s'occuper de la maintenance de divers appareils, dont le délicat *Steuergerät* (pilote automatique) ou la *Wurfanlage* (catapulte), d'étudier les causes des ratages dans les lancements et de signaler les défauts de l'engin aux usines pour une correction immédiate. Ainsi prenait fin la période des entraînements ; pour les artilleurs, les prochains tirs seraient désormais des tirs réels contre les villes d'Angleterre.

La directive n° 55 de Hitler

Le 16 mai, soit trois semaines avant le débarquement de Normandie, Hitler publiait la *Weisung* n° 55 (directive) intitulée *Einsatz der Fernwaffen gegen England* (Emploi des armes à longue portée contre l'Angleterre). Dans cette instruction, il faisait savoir, par la voie hiérarchique, au général Heinemann, commandant du LXV Corps d'armée chargé de la mise en œuvre des *Fernwaffen* (armes à longue portée), que le déclenchement du *Fernfeuer gegen England* (bombardement à longue portée) était prévu pour la mi-juin. Il ajoutait, ensuite, que la *Hauptziel* (la cible première) était Londres et que la cité devait être l'objet d'un *ununterbrochenen Störungs-feuer* (un feu harassant ininterrompu) mené, à la fois, par les catapultes, doublé de lancements par avions, appuyé par des bombardements aériens à l'aide de bombes incendiaires et complété par les tirs des

Vue d'une rampe de lancement de type lourd. Eperlecques.
Rémy Desquesnes.

CI-DESSOUS: **Dessin montrant les différentes étapes de montage d'une rampe de type lourd.**

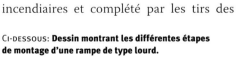

Document extrait de l'ouvrage de Richard Young, *The Flying Bomb*, 57

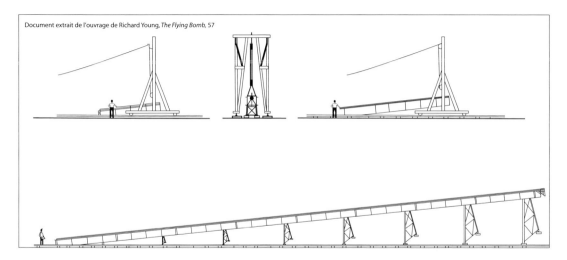

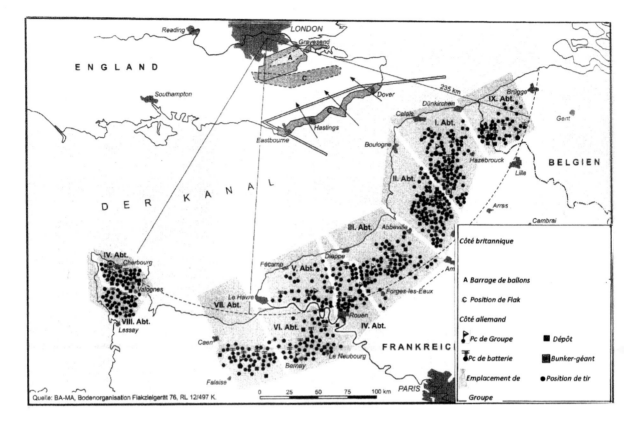

Carte du déploiement du 155ᵉ Régiment d'artillerie antiaérienne en arrière des côtes de la Manche.
Carte extraite de l'ouvrage intitulé *Das Deutsche Reich und der Zweite Weltkrieg*,
Bd. 7, Stuttgart/München, 2001, p. 387, Militärgeschichtliches Forschungsamt.

canons des grosses batteries du Pas-de-Calais sur les villes côtières à leur portée ! Tous ces moyens, y compris les pièces d'artillerie de gros calibre du nord de la France, étaient directement placés sous le commandement du général Heinemann.

A la fin du mois de mai, la carte des positions de tir montre qu'environ 70 % des bases de lancement de bombes volantes étaient concentrées entre la frontière franco-belge et la Seine (soit 40 % en Nord-Pas-de-Calais-Picardie et 30 % en Seine-Inférieure), 15 % étaient situées entre Seine et Vire (soit

une trentaine dans l'Eure et autant dans le Calvados) et 15 % dans la moitié nord de la péninsule du Cotentin (département de la Manche). En réalité, au cours de ce même mois de mai, les deux groupes d'artillerie du régiment stationnés dans le Cotentin recevaient l'ordre d'abandonner toutes les *Stellungen* ou positions de tir construites dans la péninsule et de venir renforcer les troupes basées au nord de la Seine. N'est-ce pas précisément sur le littoral situé au nord de la Seine que le haut commandement allemand attendait l'invasion alliée ?

Missile,
rampe et catapulte

D'une fabrication rapide et économique, la bombe volante, plus connue sous le nom de V1, est la première des armes secrètes allemandes. Par son aspect extérieur, elle diffère peu d'un petit avion classique à ailes courtes, si ce n'est par l'absence de cockpit pour le pilote et par le système de propulsion surmontant le fuselage. D'une longueur de 8,50 m, d'une envergure d'un peu plus de 5 m, d'un poids de 2,5 tonnes, l'engin FZG 76, maintenant baptisé *Maïkafer* (hanneton) pour leurrer les services de renseignements, volait à une altitude de 500 à 2 000 m, à la vitesse de 500 à 600 km/h et avait une portée de 250 km. Tardivement, au cours de la fin de l'hiver 1944-1945, les ingénieurs de Zempin parviendront à accroître de façon notable les performances de l'engin (vitesse et portée).

V1 muni de ses ailes sur son chariot de transport poussé par une dizaine de soldats.
Ullstein Bild/AKG-Images.

Description du missile

Entièrement construit en tôle d'acier soudée à l'exception de la pointe avant en duralumin, l'engin est partagé d'avant en arrière en quatre parties démontables : le nez contenant le compas servant au pilotage de direction, un loch *(Luftlog)* à hélice actionnée par le courant d'air occasionné par le déplacement de l'engin, un compteur de tours et un contact à percussion faisant partie du dispositif d'amorçage de la charge explosive. Toute cette partie avant est fixée au corps de la bombe par six vis. Dans le second compartiment se trouve l'explosif. Dans le troisième, celui occupant la partie centrale du *Roboter-Flugzeug* ou avion-robot et constituant l'ossature principale de l'engin, on a le réservoir d'essence d'une contenance d'environ 600 litres, traversé de part en part par un longeron tubulaire en acier supportant la voilure constituée de deux ailes rectangulaires, puis, en arrière, deux bonbonnes de forme sphérique frettées par un réseau de fils d'acier, contenant 10 kg d'air comprimé à 150 kg/cm^2 nécessaire au fonctionnement des instruments de vol et de guidage ainsi qu'aux manœuvres des gouvernes. Au-dessous du réservoir est soudé un patin en acier portant une rainure dans laquelle vient s'engager un crochet lors du catapultage. Fixée à la partie avant par quatre boulons, la section arrière du fuselage contient le dispositif du pilotage automatique, l'unité de contrôle du débit

V1 qui s'est égaré quelque part en Somme. P. Trombetta.

A-61374 A.C

Val Ygot : rampe reconstituée avec au premier plan un faux V1 servant à l'entraînement. Située dans un site exceptionnel de grandes futaies, la rampe de Val Ygot, parfaitement mise en valeur par une équipe de bénévoles, mérite un détour et une visite détaillée. C'est un site unique en France. Rémy Desquesnes.

d'essence dans la chambre de combustion, une horloge enregistrant la durée du vol, parfois un poste émetteur radio, une source d'énergie électrique constituée par une bat-terie de piles puis, en queue de fuselage, des servomoteurs obéissant aux ordres donnés par le pilote automatique et fonctionnant eux aussi à l'énergie pneumatique.

À GAUCHE :
Zuytpeene : réservoir de V1 dans une ferme (1972).
Rémy Desquesnes.

CI-CONTRE :
Zuytpeene : bouteille d'air comprimé de V1 traînant dans la nature.
Rémy Desquesnes.

L'unité de propulsion ou le pulsoréacteur

Invention de la firme *Argus,* l'installation motrice du V1 est composée d'une tuyère montée au-dessus de la partie arrière du fuselage ainsi que du réservoir d'essence et du régulateur du débit de carburant placé dans

Appareil servant à la mise en route de l'unité de propulsion juste avant le catapultage (allumage de la bougie).
Richard Young.

le fuselage, déjà mentionnés. Le propulseur est constitué d'un long tube cylindrique en acier d'une longueur de 3,50 m, obturé frontalement par une sorte de grille comportant neuf injecteurs d'essence et de nombreux clapets d'admission d'air formés de simples lamelles métalliques à ressort. Soumise à une forte pression fournie par les bouteilles d'air comprimé, l'essence du réservoir est poussée dans la chambre de combustion à travers une tuyauterie vers les injecteurs, sous le contrôle du régulateur de débit chargé de compenser la diminution progressive du carburant. Lorsque la vitesse du robot est suffisante, ce qui doit être le cas à l'extrémité de la rampe de lancement, les clapets s'ouvrent sous la pression de l'air entrant par l'avant de la tuyère et le mélange air-vapeur d'essence détone sous l'action soit de la bougie d'allumage placée au sommet de la tuyère lors du lancement, soit, lorsque la tuyère est suffisamment échauffée, par un simple auto-allumage. D'une grande simplicité dans sa réalisation, ce moteur à réaction avait un rendement relativement faible, surtout si on le compare à la consommation moyenne d'essence estimée entre 15 et 20 litres à la minute, soit presque autant qu'un bombardier *Lancaster*. Ce délestage de 15 à 20 kg à la minute, correspondant à la consommation de carburant au cours du vol, était pris en compte lors du réglage de l'altimètre avant le lancement. Ajoutons que la réduction progressive du poids de l'engin s'accompagnait d'un accroissement notable de la vitesse, qui frôlait les 650 km/h en fin de parcours.

Le pilote automatique

Le contrôle de la navigation de l'avion-robot est effectué par le pilote automatique asservi au compas magnétique placé dans un carter, dans le nez de l'appareil. D'un mode de fonctionnement délicat, le pilotage automatique est constitué d'un ensemble de gyroscopes actionnés à l'aide de l'air comprimé contenu dans les deux bouteilles et agissant sur les servomoteurs. Sur les trois gyroscopes affectés à la précision du tir, tournant, pour le plus rapide, à 40 000 trs/min, deux, dits gyroscopes secondaires, servent à rétablir l'équilibre de l'engin lors de certaines perturbations rencontrées par le robot au cours de son vol, comme une rafale de vent,

en agissant par l'intermédiaire des servomoteurs sur les gouvernes. Le troisième, dit gyroscope-chef, oscille dans toutes les directions mais demeure sous les ordres de l'altimètre et du compas magnétique. Appareil servant à faire voler un engin à une altitude constante, l'altimètre était réglé avant le lancement. Si on voulait que l'avion-robot vole à une altitude de 3 000 m, il suffisait – sachant qu'il y a une diminution de la densité de l'air avec l'altitude – de régler l'altimètre à 700 millibars, pression régnant à ladite altitude. La fonction de maintien du cap, au cours d'un peu moins d'une demi-heure de navigation de l'avion dépourvu de pilote,

Un V1 ayant raté son envol est récupéré en pleine campagne par des soldats américains.
Il est posé sur une remorque par un engin de levage, après démontage des ailes. Philippe Trombetta.

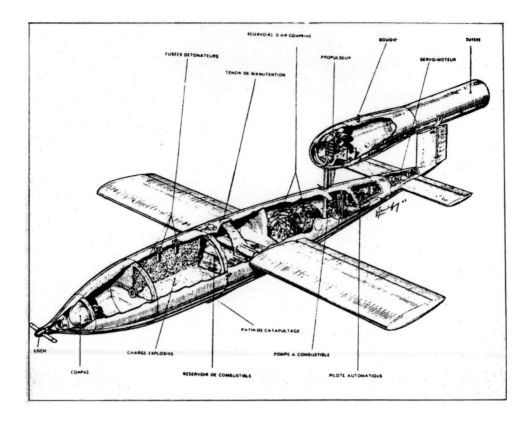

RÉSERVOIRS D'AIR COMPRIMÉ

FUSÉES DÉTONATEURS

TENON DE MANUTENTION

PROPULSEUR

BOUGIE

TUYÈRE

SERVO-MOTEUR

PATIN DE CATAPULTAGE

LOCH

COMPAS

CHARGE EXPLOSIVE

RÉSERVOIR DE COMBUSTIBLE

POMPE A COMBUSTIBLE

PILOTE AUTOMATIQUE

Croquis de la bombe volante allemande V1.

Forêt de Nieppe, bois des Huit Rues : long abri coudé donnant d'en haut l'image d'un ski posé de chant, d'où le nom de *ski-sites* donné aux rampes de première génération. Rémy Desquesnes.

était confiée au compas, préréglé avant le lancement. A l'instar de l'altimètre, le compas agissait lui aussi sur le pilote automatique en le contraignant à exiger du gyroscope qu'il maintienne le cap.

Il était possible, comme on l'a déjà vu, d'obtenir d'un avion-robot, catapulté à partir d'une rampe dont l'axe était orienté en direction de Londres, un changement de direction vers la gauche (Portsmouth) ou vers la droite (Ipswich), ce que les Allemands appellent le *Winkelschuss* ou tir angulaire. Se produisant après le catapultage, cette technique visant à effectuer une déviation du vol était obtenue par l'action du gyroscope-chef et s'effectuait grâce à un réglage spécial de l'horloge. C'est ce dernier appareil qui déterminait, par exemple, le sens de la déviation (droite ou gauche) et, naturellement,

Val Ygot : rampe et V1. Rémy Desquesnes.

sa durée, sachant que la correction obtenue était d'un degré par seconde et que l'amplitude du changement de direction était limitée par le mouvement du gyroscope-chef à 30° de chaque côté de l'axe de la rampe. Cette astucieuse technique permettait donc de tirer sur des cibles différentes à partir d'une seule rampe sans avoir à modifier l'alignement de la *Wurfanlage* (rampe). Enfin, certaines bombes volantes étaient équipées d'un poste radio – FuG23 – émettant en fin de parcours un signal qui se reproduisait toutes les dix secondes. Utilisé en liaison avec trois stations au sol, l'émetteur servait à donner le relèvement goniométrique de l'engin et permettait, grâce aux informations qu'il fournissait relatives aux conditions météo régnant en altitude (température, vent, pression), de paramétrer plus précisément le lancement des bombes volantes ultérieures, sachant que, parmi ces diverses variables, la principale était de loin le vent.

L'*Abschussrampe*
ou la rampe de lancement

Il y aura bien des lancements par avion mais la majorité des bombes volantes sera lancée à partir de rampes fixes ou *Abschussrampen.* Au passage, notons qu'aucun V1 ne sera lancé des bunkers géants du type Siracourt. Une installation complète de lancement comprend un plan incliné ou rampe, dont les deux éléments essentiels sont un long tube fendu sur toute sa longueur à l'intérieur duquel coulisse un piston. A l'arrière du tube vient se fixer une *Schleuder* ou catapulte, ou encore canon à vapeur, produisant en abondance du gaz comprimé. En se détendant, ce gaz pousse à très grande vitesse,

dans le tube cylindrique, le piston qui entraîne un chariot sur lequel repose la bombe volante et lui communique une vitesse initiale élevée, entre 250 et 300 km/h. Une fois catapultée, la bombe poursuit seule son vol avec son propre moteur mis en route avant le lancement.

Longue de 42 m, inclinée à 6° sur l'horizon, l'*Abschussrampe* est constituée d'un assemblage métallique composé de sept éléments préfabriqués de 6 m de long boulonnés les uns aux autres dans lesquels s'encastre un long tube en acier. D'un diamètre de 30 cm, ce tube cylindrique présente tout le long de

Croquis montrant la catapulte et un élément d'une *Abschusstellung* ou rampe.

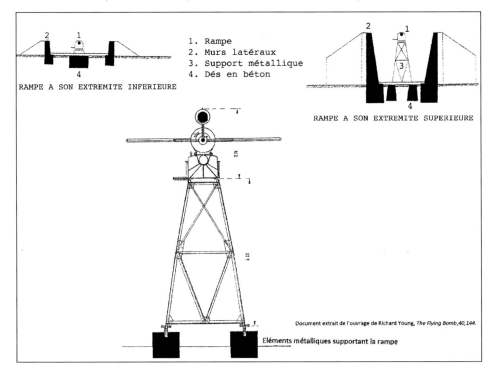

1. Rampe
2. Murs latéraux
3. Support métallique
4. Dés en béton

RAMPE A SON EXTREMITE INFERIEURE

RAMPE A SON EXTREMITE SUPERIEURE

Document extrait de l'ouvrage de Richard Young, *The Flying Bomb,40,144.*

Eléments métalliques supportant la rampe

Eperlecques-Le Blockhaus : rampe V1 vue de dessus. Rémy Desquesnes.

sa partie supérieure une fente de 10 mm de large. Entièrement à ciel ouvert, tout cet ensemble repose sur une charpente métallique faite de cornières entrecroisées. Les pieds de ces pylônes espacés de 6 m sont ancrés dans des cubes de béton alignés deux par deux sur le sol. Sur les 96 premiers sites, ou sites de première génération, la rampe est protégée par deux hauts murs en béton ou en parpaings, le long desquels devait s'appuyer une épaisse couche de terre destinée à absorber l'onde de choc des bombes tombant à proximité. De même, une aire bétonnée très épaisse, dite *Hauptfundament,* ou fondation principale, était construite à la base inférieure de chaque rampe pour servir d'ancrage à

Plan d'une rampe de type lourd. Archives de la Marine, Vincennes.

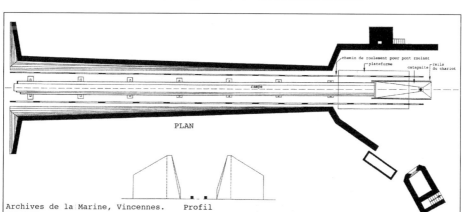

La Glacerie, au lieu-dit La Flague : rampe de type lourd, 24 juin 1944. P. Trombetta.

Pistons pour catapulte. NARA.

l'installation de lancement et à la catapulte et absorber le recul lors du tir. A l'intérieur du tube, se meut le piston à double tête, long de 1,30 m, portant un ergot qui s'engage dans la fente longitudinale située à la partie supérieure du tube et en émerge de plusieurs centimètres. La fonction de ce taquet vertical en acier est de se couler dans la rainure du sabot placé sous le réservoir de la bombe volante, laquelle repose sur un berceau qui se déplace par glissement sur le chemin de roulement situé sur la face supérieure de la rampe.

Photo de V1 parue dans l'hebdomadaire Das Reich, en août 1944. Ullstein Bild/AKG-Images.

Die Schleuder
ou la catapulte

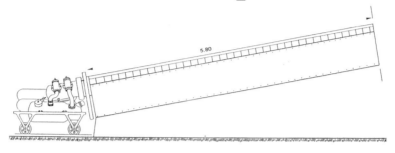

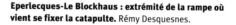

Catapulte et élément de rampe de V1. Ministère de l'Armement.

Dans sa partie inférieure, la rampe se termine par une plaque porte-culasse à laquelle vient se verrouiller la catapulte par un dispositif à baïonnette. Transportée sur un chariot spécial se déplaçant sur deux rails se trouvant dans le prolongement de la rampe, à sa partie arrière, la catapulte, encore appelée *Dampferzeuger*, n'est rien d'autre qu'un canon à vapeur. A l'intérieur de ce canon,

dans la chambre de réaction, débouchent des tubulures en forme de pommes d'arrosoir destinées à pulvériser des liquides chimiques dont la réaction va dégager de grandes quantités de gaz. Ces liquides (d'un côté, une solution aqueuse de permanganate de calcium et, de l'autre, une solution de perhydrol ou eau oxygénée à forte concentration) étaient injectés dans la chambre sous une très forte

Londres, Imperial War Museum : catapulte et rampe lors d'une exposition. R. Young.

Eperlecques-Le Blockhaus : extrémité de la rampe où vient se fixer la catapulte. Rémy Desquesnes.

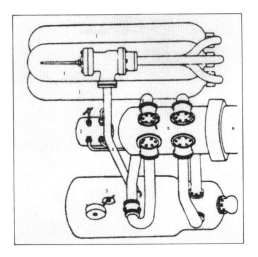

**Détails d'une catapulte : 1 - bouteilles d'air comprimé
2 - réservoir de permanganate de calcium
3 - réservoir de perhydrol 4 - tubulure pour l'air comprimé
5 - chambre de combustion 6 - tube avec piston**

Londres : catapulte et rampe lors d'une exposition.
Imperial War Museum.

pression fournie par trois bouteilles d'air comprimé à 250 kg/cm². Immédiate et très violente, la réaction produit une grande quantité de chaleur, de vapeur d'eau et d'oxygène, créant dans la chambre de combustion une très forte pression qui va servir à propulser le missile. La fusée V2 utilisera également, pour le fonctionnement de son extraordinaire turbopompe, ce type de réaction mis au point par la firme *Walter*. Lorsque la montée en pression requise est suffisante, les gaz arrachent un boulon de cisaillement verrouillant la bombe à la base de la rampe. Sous le formidable coup de pied qui s'ensuit, le piston projeté vers l'avant entraîne le berceau, qui se déplace par glissement sur le chemin de roulement constitué de deux bandes d'acier lisses courant sur toute la longueur de la face supérieure de la

rampe. A l'extrémité de celle-ci, le missile atteint une vitesse de près de 300 km/h, bien au-dessus de la vitesse critique estimée à 241 km/h.

Pendant la durée de son trajet sur la rampe, la pression de l'air est insuffisante pour provoquer le fonctionnement automatique des clapets d'admission d'air et le démarrage du propulseur. Ce dernier doit donc être mis en route de façon artificielle à l'aide d'une alimentation extérieure en comburant (air ou, mieux, oxygène) et en énergie électrique pour le fonctionnement de la bougie située sur le sommet du pulso-réacteur. L'étincelle de la bougie fait alors exploser le mélange, multipliant par trois le volume des gaz. Il en résulte une surpression sur le piston avec poussée desdits gaz vers l'arrière de la tuyère créant, par un effet de réaction, une propulsion du robot en avant. Ces pulsations se répétant quarante-cinq fois à la seconde, les parois de la chambre de combustion ne tardent pas à être chauffées au rouge (500°), ce qui fait que les explosions suivantes se produisent par le simple contact du mélange air-essence, la bougie devenant alors totalement inutile. Fil électrique et tuyauterie souple s'arrachent d'eux-mêmes à l'extrémité de la rampe alors que l'engin a acquis une vitesse de sustentation et que les clapets d'admission d'air fonctionnent d'eux-mêmes, sous l'effet de la pression de l'air. Après une phase d'ascension, la bombe arrive à l'altitude programmée et poursuit son vol en ligne droite, stabilisée par les gyroscopes. En cas de coup de vent latéral, le compas enregistre la déviation et envoie un signal électrique au pilote automatique qui manœuvre les gouvernes via les moteurs pneumatiques. A la distance programmée, le V1 amorce une vrille et tombe en chute libre sur sa cible.

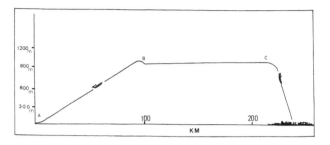

Les différentes étapes du vol d'un V1.

Forêt de Nieppe, bois des Huit Rues : rampe avec son escalier sur le côté. Rémy Desquesnes.

Installations annexes

Les *Feuerstellungen,* ou emplacements de tir du premier système, comme écrit le rédacteur du KTB, obéissaient à un plan standard, encore bien visible de nos jours sur un certain nombre de sites malgré les bombardements alliés. Beaucoup plus discrètes, les rampes de seconde génération ne présentent pas la même standardisation, notamment parce que dissimulation et camouflage étaient les priorités. On l'a déjà dit, les sites de rampes de première génération s'étalent sur plusieurs hectares avec, à l'entrée, piste

Val Ygot : bâtiment amagnétique parfaitement mis en valeur. Rémy Desquesnes.

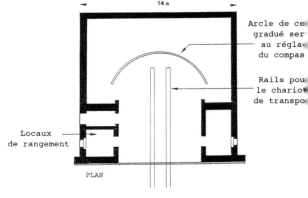

Plan d'un bâtiment amagnétique.
Archives de la Marine, Vincennes.

Val Ygot : arc de réglage du compas du V1 visible dans le bâtiment amagnétique du Val Ygot. Rémy Desquesnes.

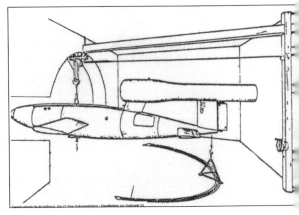

Croquis montrant le principe de réglage du compas. Dessin extrait de W. Hellmod, *Die V1.* Eine Dokumentation : Einzelheiten zur Fugbomb V1

et grande aire bétonnées pour le déchargement des missiles transportés ailes repliées. En dehors de la rampe bordée de deux murs anti-éclats, on trouve une dizaine d'autres structures : longs abris présentant une forme coudée ou droite destinés au stockage des bombes volantes, atelier de montage, *Richthaus* (bâtiment amagnétique) parfaitement aligné dans l'axe de la rampe, abris pour le compresseur, le groupe électrogène, la catapulte, les produits chimiques, contenus dans des bidons d'aluminium pour le perhydrol, les détonateurs, l'explosif, le carburant, le personnel ou encore un petit poste de direction de tir ainsi que des citernes et un puits pour laver à grande eau les traces d'eau oxy-

Brix : poste de tir toujours situé en bas de la rampe, à gauche.
P. Trombetta.

Val Ygot : poste de direction de tir.
Rémy Desquesnes.

génée sur la catapulte et la rampe après chaque lancement. Une fois prête, la bombe était conduite sur un chariot à l'atelier de réglage, ou bâtiment amagnétique, où étaient effectuées les dernières opérations. L'engin était alors suspendu, placé dans l'axe de la rampe, pour l'affichage du cap. Ce dernier réglage étant effectué, le V1 était conduit sur un chariot spécial de manutention jusqu'à l'arrière de la rampe. Le berceau était alors poussé en avant jusqu'à ce qu'il se verrouille automatiquement par enclenchement avec le taquet du piston. Enfin, la catapulte était raccordée à la culasse de la rampe. Dès que le V1 s'était envolé dans un nuage de vapeur, on procédait au lavage de celle-ci pendant que d'autres servants allaient récupérer le lourd piston lanceur et le berceau de lancement projetés en avant de ladite rampe. L'ensemble de toutes ces opérations exigeait près d'une heure.

Beginn des Einsatzes der Flugbomb
ou le début de l'offensive de la bombe volante

La campagne des armes de la série V commence le 13 juin 1944 et se prolonge jusqu'à la fin du mois de mars 1945, soit une durée de neuf mois. Cette offensive débute par la victoire de la *Luftwaffe* sur l'armée de terre et son projet de fusée, avec le lancement, dans la nuit du 12 au 13 juin, de bombes volantes V1 en direction de Londres, et se prolonge jusqu'au 1er septembre, date de la capture de l'ensemble des bases de V1 édifiées en France, *an der Kanalfron,* c'est-à-dire en arrière des côtes de la Manche.

Début septembre, c'est le déclenchement de l'offensive des fusées V2, doublée d'une reprise des lancers de bombes volantes V1 par avions décollant des aérodromes hollandais. Enfin, en octobre, on assiste à une reprise des lancers à partir de rampes édifiées en Allemagne et dans le nord de la Hollande. Dans le courant du mois de juin 1944, après le débarquement allié, ce que la propagande désignait jusqu'alors dans ses communiqués sous le nom de *Wunderwaffen* (armes miracles) devient, soudainement, sous la plume de Goebbels, dans la presse et à la radio, *Vergeltungswaffen* (ou armes de représailles), abrégées en V1 et V2, récupération du V de *Victory* de Churchill.

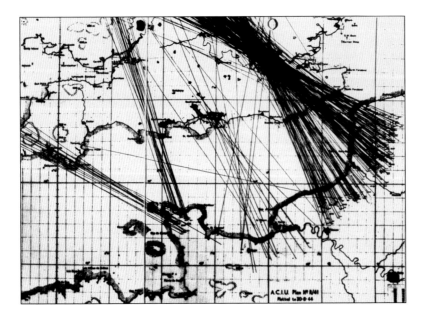

Carte des rampes de lancement dressée par les Services de Renseignements britanniques indiquant les quatre grandes cibles visées : Londres, Portsmouth, Bristol et Plymouth. Cette carte figure dans l'ouvrage de Richard Young, *The Flying Bomb.*
R. Young.

Centre de stockage de Saint-Leu-d'Esserent. François Bayeux.

La Seconde Bataille d'Angleterre

Le 6 juin, dans la soirée, alors que les troupes alliées avaient pris pied sur le littoral de Normandie, le général Wachtel recevait le mot de code *Rumpelkammer*, signifiant l'ordre de bombarder Londres à l'aide de ses missiles le sixième jour après réception du télégramme. Cette décision de déclencher un feu d'enfer sur la capitale britannique apparaît, sur le plan stratégique, comme une volonté de créer une diversion, à un moment décisif pour le Reich ou, comme l'écrit Churchill, c'était « la réaction de Hitler à notre succès en Normandie ». En tentant d'attirer et de fixer les réserves alliées dans le Pas-de-Calais où étaient situées les bases de lancement, Hitler pensait faciliter la tâche de Rommel en Normandie.

Pendant les six nuits qui suivirent le 6 juin, temps nécessaire à l'approvisionnement et à la préparation de la première salve et des tirs suivants, environ 10 000 hommes étaient mobilisés pour une vaste opération de manutention et de transport de V1 alors qu'au même moment, du côté allié, on estime que plus d'un million d'hommes, soit cent fois plus, étaient mobilisés sur terre en Normandie, en arrière, en Grande-Bretagne, sur mer et dans les airs pour l'opération *Overlord*. Du côté allemand, il s'agissait d'amener jusqu'aux sites de lancement, depuis l'abandon par le général Heinemann des dépôts construits près des premières rampes (grands bunkers de Domléger ou de Renescure…), des centaines de bombes

CI-DESSUS : **Vue de l'entrée du tunnel ferroviaire de Rilly creusé sous la Montagne de Reims. Ce centre de stockage de V1 arrivant directement du Reich fut violemment bombardé par la Raf avec des bombes de 6 tonnes.** Romain Urli.

À DROITE : **Centre de stockage situé dans le tunnel ferroviaire long de plusieurs kilomètres de Rilly-la-Montagne.** Romain Urli.

volantes avec leurs ailes, des rampes, des catapultes ainsi que tous les produits nécessaires au lancement (réactifs chimiques, explosifs, carburant, bouteilles d'air comprimé, appareils de démarrage, chariots de toutes sortes...), entreposés dans les galeries souterraines de *Nordpol* (Nucourt) et *Leopold* (Saint-Leu-d'Esserent). Le feu devait débuter à minuit par une salve ou un tir groupé de 55 *Geschütze* ou canons, autre nom donné aux rampes, suivi de tirs toute la nuit. Après l'abandon de la salve en raison du retard accumulé dans cette première mise en œuvre des installations de lancement, les tirs ne commencèrent que vers 3 h 30 du matin.

CI-DESSUS : **Thil (Meurthe-et-Moselle) : galeries souterraines où étaient stockés V1 et V2.** DITE-USIS.

V1 provenant du Reich en route vers les dépôts. NARA.

Et quels tirs ! Au lieu de la salve de 500 missiles prévue, le régiment tirait seulement une quinzaine de bombes volantes dont quatre s'écrasaient au départ et une demi-douzaine s'abîmait dans le Channel ! Seuls, raconte Churchill dans ses Mémoires, « four pilotless aircrafts crossed our coast » (quatre avions sans pilote ont atteint l'Angleterre). L'ouverture de la grande campagne des armes secrètes commençait par un fiasco retentissant, l'effet de surprise était totalement raté. Parmi les raisons du flop, mot figurant dans les rapports officiels allemands, le KTB insiste

sur la grande pagaille qui a régné lors de la livraison des divers équipements provenant des dépôts d'approvisionnements situés à l'arrière (paquets incomplets ou mélangés à d'autres, compresseurs livrés sans huile pour moteur Diesel, manque d'essence ou de liquides réactifs, livraisons trop tardives en raison des bombardements aériens provoquant un allongement des itinéraires, manque de camions…), ainsi que sur les déficiences techniques, les erreurs dans la mise en œuvre du V1 par le personnel en raison de bilans de fonctionnement réalisés à la va-vite.

Intéressant document montrant la rampe de lancement de La Chaussée-Tirancourt (non loin d'Amiens) reposant sur de hautes arches en béton renforcées par des troncs d'arbres. Un élément intact de cette rampe capturée par les troupes britanniques a été transporté en Angleterre où il constitue l'attraction du musée de Duxford. Imperial War Museum, Londres.

La Chaussée- Tirancourt, bois des Sapins : vestiges de la rampe de lancement et des arches en béton sur lesquelles reposait le plancher de la rampe (photo prise en 2011). Rémy Desquesnes.

Effectué le 15 juin, toujours sur la *Ziel 42* (nom de code pour désigner Londres), cible éloignée en moyenne de 200 km, le second tir était *a partial success,* selon l'excellente étude du *British Air Ministry* qui, dans son rapport intitulé *Rise and fall of the German Air Force*, consacre un long chapitre à la question des armes secrètes. Au total, les 15 et 16 juin, écrit Churchill, « more than two hundreds of the missiles come against us » (plus de deux cents missiles sont tirés contre nous). Exactement 244 furent tirés à partir de 55 *Abschussrampen*, en grande majorité des rampes modifiées, mais aussi à partir de quelques installations de première génération comme celles, raconte Norbert Dufour dans son ouvrage très complet sur les V1 en

Seine-Maritime, de Richemont-Coquereaux, située à la limite de la Normandie et de la Picardie, ou encore celle de Bosc-Roger-sur-Buchy, entre Rouen et Forges-les-Eaux. Churchill confirme bien dans ses Mémoires que « by the end of April, most of the ski-sites had been rendered unfit for use » (à la fin d'avril, la plupart des positions de tir – dites *ski-sites* – avaient été neutralisées). Mais le Premier ministre précise qu'en dépit des bombardements, grâce aux réparations effectuées par les Allemands, il y eut un certain nombre de rampes lourdes qui tirèrent sur Londres. Cependant, « there were never at any time more than ten ski-sites in a state to fire » (à aucun moment, il n'y eut jamais plus de dix *ski-sites* en état de faire feu). Sur les 244 V1 envoyés sur Londres, la nuit et la matinée des 15 et 16 juin, seulement 199, écrit le rédacteur du KTB, se sont envolés en direction de la capitale anglaise. Autrement dit, 45 missiles se sont écrasés après leur lancement. Churchill nous raconte la suite : « 45 engins sont tombés en cours de vol dans le Channel, seulement 144 traversaient la côte anglaise. Sur ces 144, seulement 73 atteignaient le *Greater London*, les autres étaient détruits par la chasse, la DCA ou les ballons, ou bien se perdaient dans la campagne anglaise. » Au total, au cours de la nuit et de la matinée des 15 et 16, les catapultes ont envoyé en direction de l'Angleterre, outre les 244 V1 sur Londres, une cinquantaine de missiles sur Southampton et Portsmouth, ports d'embarquement des troupes alliées, à la demande expresse du maréchal von Rundstedt. Ce qui fait

Le V1 est le premier missile de la Seconde Guerre mondiale. Ici, la photo montre un V1 juste après qu'il a quitté la rampe. Ullstein Bild/AKG-Images.

que chacune des 55 positions de tir a lancé en moyenne entre 5 et 6 missiles au cours des douze heures de tir. Ajoutons que ces

Nouainville : petit bâtiment typique pour abriter les détonateurs sur un site de lancement. Rémy Desquesnes.

Val Ygot : puits fortifié. Chaque site de lancement avait de gros besoins en eau pour laver la rampe après chaque tir. Rémy Desquesnes.

Ci-contre : **Auppegard : vitrail de l'église montrant la chute d'un V1 sur le village vers la mi-juin 1944 et, à droite, la douleur de la population, lors de l'inhumation des dix personnes tuées.** Rémy Desquesnes.

En haut : **Auppegard : détail sur la chute du V1 et la fuite des habitants.** Rémy Desquesnes.

300 bombes volantes avaient exigé, rien que pour leur vol jusqu'à Londres ou jusqu'à la côte Sud de l'Angleterre, près de 200 000 litres de kérosène. L'observation des tirs par radar *Wassermann* et par radiorepérage, grâce aux émetteurs FuG23, montrait une certaine dispersion dans le secteur de Londres avec une majorité d'impacts au sud de la Tamise, donc des tirs en majorité trop courts.

Ce second tir était accompagné de nombreux incidents et accidents entraînant la destruction partielle d'une dizaine de sites, soit en raison du coinçage du piston dans le tube, provoquant l'arrachement de la catapulte de la culasse (*Stellungen*, ou sites 151-138-822), de l'explosion des *Flugbombe*, bombes volantes, sur les rampes (sites 110-122-133) ou encore de l'éclatement du réservoir de perhydrol sur cinq générateurs à vapeur. Sur le site 136, un missile s'était mis à tourner en rond après son catapultage au-dessus du site de lancement et finalement se perdait dans la nature alors qu'une autre bombe volante (provenant probablement du site 149, c'est-à-dire de la rampe installée sur le mont Candon) atterrissait *in die Ortschaft* (dans le village) d'Auppegard, tuant en explosant dix habitants.

Maikäfer devient V1

Les bombes volantes continuaient de tomber chaque nuit sur Londres, surtout les nuits sans vent (pour une plus grande précision), avec une forte couverture nuageuse gênant l'action de la chasse alliée, et elles occasionnaient d'immenses dégâts. Créant un cratère d'un diamètre de 20 à 30 m et profond de 8 m, chaque bombe, par son effet de souffle, ébranlait fortement les habitations environnantes. Vivant dans l'anxiété et dans la peur, la population s'était réfugiée dans les couloirs souterrains du métro pour échapper à la mort. « Cette nouvelle forme d'attaque imposait aux Londoniens une pression peut-être plus forte, écrit Churchill, que les raids aériens de 1940-1941. » Il poursuit : « To make things worse, the enemy fired in salvoes in the hope of saturating our defences » (Pour aggraver les choses, l'ennemi tirait des salves dans l'espoir de saturer nos défenses). Tous les quartiers de la capitale étaient touchés mais particulièrement les docks, où vivait une nombreuse population ouvrière qui était loin de bénéficier d'autant d'abris que celle des beaux quartiers centraux. Cette Seconde Bataille d'Angleterre devenait vite insupportable : le peuple ne comprenait pas que le corps expéditionnaire allié ne se soit pas encore emparé des sites de lancement ou n'en ait pas fait l'une de ses

Chute d'un V1 sur l'agglomération londonienne. TopFoto/Roger-Viollet.

Londres, 13 juin 1944, un des premiers V1 à tomber sur la ville. AKG-Images.

priorités. Dans son ouvrage *Croisade en Europe*, Eisenhower, le commandant en chef du Corps expéditionnaire allié, raconte que la mise en œuvre des armes V fut pour lui un gros souci : « ... L'effet des nouvelles armes se fit sentir sur le moral des Anglais. La Grande-Bretagne avait supporté avec courage de terribles bombardements. Lorsqu'en juin eut lieu le débarquement en Normandie, les Britanniques éprouvèrent un grand soulagement dû à l'espoir d'être désormais moins exposés aux bombardements. Lorsque les nouvelles armes commencèrent à s'abattre sur Londres, les espoirs des Anglais retombèrent à zéro. »

Le 25 juin, pour la première fois, la radio allemande utilisait, pour désigner la bombe volante, le terme V1, abréviation de

Vergelstungswaffe, ou arme de représailles. Le 26, afin de soutenir la résistance de la garnison de Cherbourg assiégée par les troupes américaines, les batteries du régiment de Wachtel, utilisant la technique du *Winckelschuss,* envoyaient plusieurs dizaines de bombes volantes sur le port de Southampton, le port d'embarquement des troupes pour la tête de pont. Cette démonstration ne suffisait pas à couper l'élan des Américains qui capturaient, le lendemain, le général von Schlieben, le *Festungskommandant,* ainsi que l'amiral Hennecke, le commandant des forces navales en Manche. Alors que la *Festung* de Cherbourg venait de tomber, le général Wachtel fêtait, le 29 juin, le lancement du deux millième V1 sur l'Angleterre, ce qui correspondait à une cadence moyenne de 120 V1 par jour, soit, à cette cadence, un peu plus de 3 000 tirs par mois et non 8 000 comme prévu initialement ! Le 22 juillet, le régiment passait la barre des 5 000 V1 et, le 3 août, il battait son record de lancement avec 316 engins envoyés sur Londres en 24 heures, à partir de 38 *Stellungen* (positions), soit entre 8 et 9 tirs par rampe. Sur les 316, 25 s'écrasaient au sol, ce qui provoquait toujours des morts chez les servants ainsi que des blessés graves. Selon le KTB, le pourcentage de crashs demeurait élevé et tournait autour de 25 % des lancements, pour la période du 15 juin au 1er août. Les causes étaient toujours les mêmes : explosions des catapultes, défauts dans le pilote automatique ou dans l'unité de propulsion, ou encore, dans le mécanisme d'horloge utilisé lors du tir angulaire. Il ne fait aucun doute qu'un certain pourcentage de ces défauts techniques fut le résultat des sabotages effectués au risque de leur vie par les bagnards des *Mittelwerke.*

Londres, dégâts causés par l'explosion d'un avion sans pilote. Ullstein Bild/AKG-Images.

Londres : enfant au milieu des décombres. AKG-Images.

La riposte britannique : la *gun belt* (la ceinture de canons)

Le 16 juin, soit deux jours après le premier lancement, avait lieu une réunion du *War Cabinet* au cours de laquelle étaient mises au point les différentes mesures défensives pour protéger le *Greater London*, sans que la menace représentée par les V1 ne vienne perturber les opérations menées par les armées d'Eisenhower, en France. D'une *prodigious scale* (envergure exceptionnelle), lit-on dans le compte rendu de la réunion, le programme prévoyait d'élever une barrière baptisée *gun belt* (ceinture de canons) en avant de Londres, le long d'une ligne allant des côtes du Kent à celles du Sussex, constituée de batteries d'artillerie anti-aérienne et de barrages de ballons les plus denses possible. L'espace aérien au-dessus de la Manche était réservé à la chasse et spécialement aux chasseurs *Spitfire*, *Mustang* et surtout *Tempest*, avions manœuvrables faisant preuve d'excellentes performances à basse altitude (très grande vitesse et puissant armement). Avec ses 800 km/h, le *Tempest*, qui était plus rapide

Fressin (Pas-de-Calais) : bombardement par la 9ᵉ *US Air Force* de la rampe construite en bordure du bois. DITE Usis.

Chasseurs américains au-dessus de la France. NARA.

que le V1, était chargé soit d'abattre l'intrus en le mitraillant, soit de le déséquilibrer en plein vol. Pour les patrouilles nocturnes, on utilisait des *Mosquito* munis d'un radar de bord donnant une image de la cible sur écran dans le cockpit. A la mi-juillet, les défenses mises en place comprenaient des centaines et des centaines de canons anti-aériens, près de 200 barrières constituées de lance-fusées, plus de 2 000 ballons et une centaine de projecteurs. Cette accumulation de moyens défensifs ne tarda pas à montrer un haut degré d'efficacité grâce, notamment, au barrage électronique mis en place, constitué d'un triple réseau de radars couvrant une vaste gamme d'altitudes, des plus basses aux plus élevées. A ces défenses, il faut encore ajouter la *proximity fuse* équipant certains obus, à partir du mois d'août 1944. Constituant avec *Enigma* l'un des secrets les mieux gardés de la Seconde Guerre mondiale, la fusée de proximité était un obus équipé d'un mini-radar capable de se diriger sur sa cible. Comme le souligne Churchill dans *Triumph and Tragedy* : « ... by the end of August not more than one bomb in seven got through to the London area » (à la fin d'août pas plus d'une bombe sur sept passait à travers les défenses pour se diriger vers la région de Londres).

Les bombardements des sites étant peu efficaces puisque l'ennemi disposait de sites de réserve et qu'il en construisait de nouveaux plus vite que la RAF ne pouvait en détruire, il était décidé de mettre l'accent sur les grands dépôts souterrains du type de celui de Saint-Leu-d'Esserent, non loin de Paris, dans la vallée de l'Oise. La priorité était également mise sur les voies de communications en France et en Allemagne, de façon à éviter que le 155ᵉ Régiment ne puisse opérer à pleine capacité. Grâce aux radars (le nouveau radar US SCR 584 était très performant), à la fusée de proximité et aux autres moyens de défense, le 28 août demeure le jour des records dans la destruction de V1 « when ninety-four bombs approached our coast and all but four were destroyed » (lorsque quatre-vingt-quatorze bombes approchèrent notre côte et qu'elles furent toutes détruites sauf quatre). Churchill poursuit en donnant des détails : « The balloons caught two, the fighters twenty-three and the guns sixty-five. The V1 had been mastered. » (Les ballons en attrapèrent deux, les chasseurs vingt-trois et la DCA soixante-cinq. Les V1 avaient été maîtrisés.)

Au cours de cette période (12 juin-1ᵉʳ septembre) d'une durée de 78 jours, près de 9 000 V1, selon Basil Collier, ont été lancés en direction de l'Angleterre. De son côté, le rédacteur du KTB donne le chiffre de 8 617 engins lancés au cours de la même période. Sur ce total, 2 500 ont atteint Londres, 2 000 ont été détruits par l'artillerie anti-aérienne, 2 000 par les chasseurs et 300 par les ballons. Après avoir déduit de ce

Radar américain dit SCR 584 : cet appareil très performant a brillamment participé à la lutte contre l'offensive des V1 autant en Angleterre que sur le continent. Comparer la faible dimension de l'antenne de ce radar américain utilisant une longueur d'onde centimétrique avec les immenses antennes des radars allemands (*Mammut* ou *Wassermann*). En 1945, hormis le *Wurzburg-Riese*, les appareils de détection allemands sont pour l'essentiel obsolètes, très vulnérables au brouillage et aux attaques aériennes en raison de la taille des antennes. NARA.

total les bombes volantes ayant raté leur envol et celles détruites par la chasse au-dessus de la Manche, on arrive au chiffre de 6 800 V1 ayant approché ou franchi la côte d'Angleterre après leur catapultage.

La Glacerie au lieu-dit La Flague : le bâtiment amagnétique, lors de la libération de la commune par les Américains. P. Trombetta.

Les lancements par avion
septembre 1944-janvier 1945

Le 19 août, alors que la bataille de Normandie n'est pas encore achevée, la 3e Armée US, celle de Patton, franchissait la Seine dans le secteur de Mantes. Anticipant cette remontée des armées alliées au-delà du fleuve, le haut commandement, à Berlin, avait ordonné au régiment de Wachtel d'entamer une retraite en direction du camp de *Maria ter Heide* situé près d'Anvers, en commençant par évacuer le flanc gauche de son unité. Ce même jour, le général Wachtel quittait son PC de Saleux pour la banlieue de Bruxelles, alors que les rampes situées sur le flanc droit du régiment

continuaient de tirer sur Londres jusqu'au petit matin du 1er septembre, date à laquelle les 3 500 hommes du régiment encore présents quittaient définitivement la France. La nouvelle de la capture des rampes et de la retraite du régiment chargé des lancements provoquait un grand soulagement dans la population de la capitale anglaise. Chacun pensait que la « battle of London was over » (que la bataille de Londres était bien finie). Le calme ne devait durer que quelques jours : dès le 8 septembre tombaient les premières fusées ainsi qu'à nouveau les V1 lancés par avion.

Un document rare, la carte de la localisation des bases V1 sur le territoire du Reich et aux Pays-Bas.

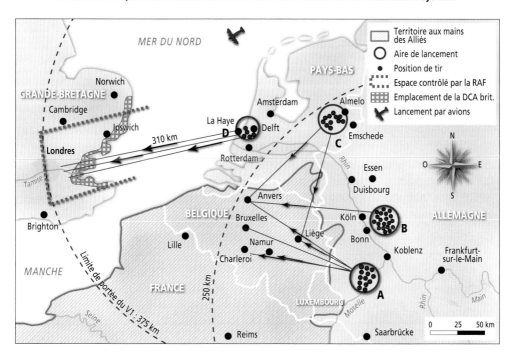

Version de V1 doté d'un cockpit pouvant accueillir un pilote. Keystone-France.

V1 ayant atterri sur le ventre, en arrière des côtes de la Manche.
Archives du Canada.

Pour ne laisser aucun répit à la capitale, en dépit de la capture des bases fixes installées sur les côtes de la Manche, Hitler avait déjà ordonné, au début du mois de juillet, de procéder sur une petite échelle au lancement de bombes volantes par avion, à partir des aérodromes hollandais. Début septembre, la 3ᵉ *Luftflotte*, qui disposait d'une réserve de pilotes depuis l'arrivée d'un personnel navigant provenant du front russe, à la suite de la dissolution de ses unités, constituait un groupe spécialisé dans la technique du lancement des bombes volantes par bombardier de type *Heinkel 111,* spécialement aménagé. La première opération de lancement eut lieu le 8 septembre, au-dessus de la mer du Nord, en direction de Londres. Initialement basé sur le grand aérodrome de Gilze-Rijen, le groupe *(Kampfgeschwader 3),* qui comptera jusqu'à une trentaine de bombardiers, devait, face à l'avance des Alliés, se réfugier sur le *Fliegerhorst* de Venlo, situé plus au nord, sur la frontière entre la Hollande et l'Allemagne. C'est de cet aérodrome que s'envolait chaque nuit une poignée de bombardiers qui, parvenus au lieu de largage en volant au ras des vagues, afin d'échapper au repérage radar, montaient rapidement à une altitude de 1 500 m, procédaient au lancement et redescendaient aussi vite pour le voyage de retour. En frappant les défenses de Londres à partir du Nord-Est, Wachtel contraignait le commandement britannique à déménager de nombreux canons installés au sud-est de Londres, face au Pas-de-Calais, pour les mettre en batterie face à ce nouveau couloir d'attaque venant de la mer du Nord. A Noël 1944, des tirs étaient effectués contre Manchester ou Norwich. Dans tous les cas, ils avaient lieu de nuit, en provenance d'une douzaine d'angles différents et à diverses altitudes. En raison de l'impossibilité d'anticiper ces attaques, chaque nuit, les *Mosquito* menaient des patrouilles à 2 000 pieds, prêts à foncer sur les avions-porteurs *Heinkel.* Ces opérations aériennes se poursuivront jusqu'au 14 janvier 1945, cette fois à partir d'aérodromes allemands situés dans le secteur de Brême-Hambourg, en raison de l'impossibilité de continuer à utiliser Venlo, complètement ravagé par les bombardements alliés. Pendant cet intermède, le

Poste de direction de tir mobile pour rampe de lancement modifiée avec les entrées pour les raccords des divers appareils à contrôler avant le lancement.
Archives du Canada.

155e Régiment quittait Anvers, menacé par les troupes alliées, pour Deventer, en Hollande, puis, sur ordre de Berlin, l'unité se réfugiait en Allemagne, en bordure du Rhin. L'ordre était d'installer de nouvelles positions de tir sur les deux rives du fleuve : sur la rive gauche, dans le massif de l'Eifel, et sur la rive droite, dans la région de Cologne-Leverkusen. Une troisième position de tir sera mise en place dans le nord des Pays-Bas, autour de Deventer et, plus tard, près de Rotterdam et de La Haye.

Feuer auf Antwerpen (feu sur Anvers)

fin octobre 1944 à fin mars 1945

Au nombre de 64, les nouvelles positions de tir, doublées de 32 positions de réserve, étaient toutes des installations de faibles dimensions, faciles à dissimuler en raison de structures et d'équipements plus simples que ceux des installations modifiées. « Am 21. Oktober 7.23 Uhr hob die erste Flügel-bomb von einer ramp in der Eifel... » (le 21 octobre, à 7 h 23, le premier V1 était lancé d'une rampe dans l'Eifel). Ainsi le KTB annonce-t-il la reprise des tirs depuis le départ du 155ᵉ Régiment des côtes de la Manche, à la fin du mois d'août. Ce 21 octobre, le régiment inaugura donc la seconde étape dans le lancement des missiles à partir de rampes installées dans le massif de l'Eifel, en arrière du *Westwall*, non en direction de Londres, trop éloignée, mais en direction de Bruxelles. Sur les 13 premiers V1 tirés, 4 s'écrasaient peu après l'envol en territoire allemand. Trois jours plus tard, la *Hauptziel*, ou cible principale, des nouveaux emplacements de tir situés non en Eifel mais sur la rive droite du Rhin, dans le secteur de Cologne, devenait *Antwerpen* (Anvers) et son organisme portuaire. En raison de la fréquence des crashs dans les vingt premiers kilomètres de vol qui s'effectuait entièrement au-dessus des villages allemands, l'*Oberst* Walter étudiait la possibilité de franchir la

Almelo (nord des Pays-Bas) : plan d'une rampe simplifiée plus courte (cinq éléments) et plus pentue.

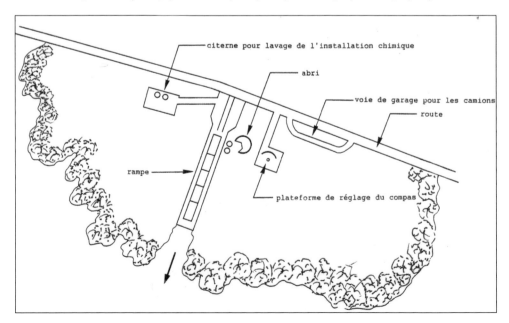

frontière et d'installer ses bases de lancement dans le nord-est des Pays-Bas, où il n'aurait aucunement à se soucier de la population civile en cas d'écrasement au sol des missiles. Le 12 novembre, le régiment fêtait le millième lancement de V1 à partir des bases établies en Allemagne et, quatre jours plus tard, le dix millième V1 lancé depuis le 13 juin, date du début des opérations sur les côtes de la Manche. Ce même jour avaient lieu quelques changements au niveau du régiment, à l'instigation de Himmler qui cherchait à mettre la main sur les armes secrètes. Ces tractations qui échappaient au simple soldat n'empêchaient pas la poursuite des bombardements, à la fois du grand port d'Anvers ainsi que les tirs sur la zone industrielle de Liège et secondairement sur Bruxelles, Mons et les dépôts alliés. Du 1er au 30 novembre, sur les 2 117 V1 tirés, 455 ont subi des crashs, soit 22 % du total. Les changements d'objectifs entre Liège et Anvers ont en général pour explication une cause météorologique, notamment un fort vent de tête interdisant tout tir en direction du port flamand. Quant aux jours sans lancers, ils coïncident avec une période de hautes pressions et de ciel dégagé favorable à la défense ennemie. Dans le même temps, le régiment inspectait la région de Deventer, dans le nord de la Hollande, afin d'y construire plusieurs rampes et de disposer d'un nouvel angle de tir.

Ce nouveau corridor d'attaque, orienté plein Sud alors que ceux venant des rives du Rhin étaient plein Ouest, présentait pour les Allemands, outre l'absence de souci à se faire pour la population locale en cas d'écrasement au sol des bombes volantes, l'avantage de contraindre l'ennemi à disperser ses défenses sur un plus grand espace, y compris ses chasseurs. Les travaux préparatoires sur les 24 sites de tir prévus étaient effectués par des troupes du génie et le montage des rampes par les artilleurs des quatre batteries qui avaient commencé leur transfert en Hollande. Le 10 décembre, deux batteries étaient prêtes à tirer, bientôt suivies d'autres installées autour d'Enschede, petite bourgade située à moins de 5 km de la frontière du Reich. Il était prévu que les tirs à partir de ces nouvelles positions, en direction d'Anvers, commencent le 16 décembre au matin, jour du déclenchement de l'offensive des Ardennes.

Trois jours auparavant, le régiment lançait son cinq millième missile depuis le 21 octobre, date de la reprise des tirs à partir de la vallée du Rhin. Le 16 décembre, hormis l'entrée dans la danse de 46 rampes (18 sur la rive gauche du Rhin, 20 sur la rive droite et 8 en Hollande, plus, bientôt, 8 autres), ce qui inquiétait le commandement du régiment étaient les statistiques des impacts dressées à partir des indications fournies par les radars et, surtout, par le poste émetteur FuG23 placé dans environ 10 % des V1. Les courbes montraient une chute des missiles avec le moteur en pleine marche alors que, normalement, le piqué ne devait s'amorcer qu'après extinction de celui-ci. En d'autres termes, cela signifiait que les défenses alliées abattaient plus du tiers des bombes volantes bien en avant de leur objectif. Ce que les Allemands ignoraient, c'est que l'artillerie américaine, en plus d'un radar ultra-performant (le SCR 534), disposait d'obus équipés d'une *proximity fuse*, c'est-à-dire d'obus « intelligents », capables d'aller au-devant de leur cible. Munis d'une fusée de proximité, ces projectiles devaient effectivement faire un carnage parmi les V1. Ce n'était pourtant pas la première fois que les Alliés utilisaient ce genre d'obus mais jamais encore sur une telle échelle.

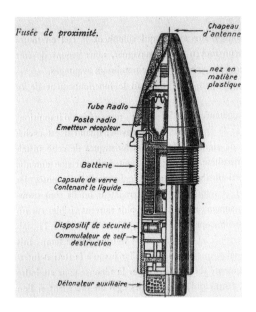

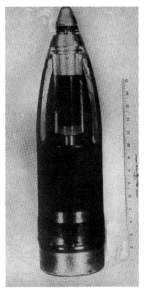

Obus d'artillerie muni d'une fusée de proximité faisant éclater le projectile lorsque la distance de l'objectif est minimum. A gauche, le schéma représente la partie active de la fusée contenant le dispositif radar monté sur l'ogive de l'obus contenant l'explosif. A droite, la photo montre l'ensemble de la fusée-obus (longueur de la fusée 22 cm, longueur du radar 11 cm dont les deux tiers sont engagés dans l'ogive). La fusée de proximité est l'un des secrets les mieux gardés de la Seconde Guerre mondiale. A partir du moment où les physiciens mettront au point l'impression des circuits radio sur une feuille isolante, innovation technique véritablement révolutionnaire pour l'époque, la fabrication de la fusée de proximité ne posera plus aucun problème. Alors qu'il fallait des centaines et des centaines d'obus classiques pour abattre un V1, il ne fallait plus que quelques dizaines d'obus à fusée de proximité.

La progression des armées de von Rundstedt au moment de l'offensive des Ardennes, en revanche, réjouissait le 155ᵉ Régiment qui imaginait déjà les Alliés chassés d'Anvers et, surtout, de Bruges, port d'où l'on pourrait reprendre les tirs sur Londres à condition de disposer de la nouvelle version du V1, baptisée F1. Depuis longtemps, un accroissement des performances du missile (portée et vitesse) était réclamé par les artilleurs chargés de mettre en œuvre la bombe volante. En principe, il était prévu que le lancement du nouveau V1 coïncide avec le déclenchement de l'offensive des Ardennes afin de semer la pagaille parmi les unités américaines mais les bombardements des usines et des voies de communication avaient entraîné d'importants retards. Avec l'enlisement de l'offensive, l'espoir de reprendre le bombardement sur Londres ne tardait pas à s'évanouir et, malgré les salves tirées sur la 1ʳᵉ Armée US, le KTB constatait une relative « indifférence », aussi bien des Américains que de la population civile à l'égard des V1. Il apparaissait clairement que les missiles n'avaient à aucun moment gêné les mouvements des troupes américaines dans la région de Liège, ni provoqué d'interruptions notables des déchargements dans le port d'Anvers. La situation n'était en rien comparable aux bombardements de Londres. La bombe volante manquait sérieusement d'efficacité sur le plan tactique : elle n'était qu'une arme de représailles destinée à terroriser les populations civiles.

En début d'année 1945, sur ordre du général SS commandant désormais la mise en œuvre des deux armes secrètes, le régiment installait de nouvelles bases de tir en bordure de la côte hollandaise, dans les secteurs de La Haye, Rotterdam et Delft, afin de reprendre les tirs sur Londres avec de nouvelles rampes près de la moitié plus courtes (soit 24 m au lieu de 42) ainsi que des générateurs à vapeur beaucoup plus puissants et un nouveau modèle de V1. Ayant gagné de la place aux dépens de la charge explosive, les ingénieurs avaient réussi à loger un réservoir plus grand et ainsi permis un allongement du vol du missile. Plus courte, la nouvelle rampe était plus pentue. Il en résultait que, pour compenser la diminution de longueur ainsi que la pente plus accentuée, il fallait un générateur approximativement deux fois plus puissant donnant à la bombe volante, lors de son catapultage, une vitesse approchant les 400 km/h. N'étant pas sujet à exploser, ce nouveau générateur donnera pleine satisfaction. Alors que cessaient les lancements de V1 par avion, le régiment s'apprêtait à reprendre les tirs sur Londres. Le 12 janvier, il fêtait le « 15 000. Abschüsse seit 13.6.1944 » (le 15 000e tir de V1 depuis le 13 juin), date du début des opérations en France. Au cours de ce premier mois de l'année 1945, la cinquantaine de rampes implantées sur le territoire hollandais et allemand réussissait l'exploit de tirer 2 537 missiles dont 429 crashs.

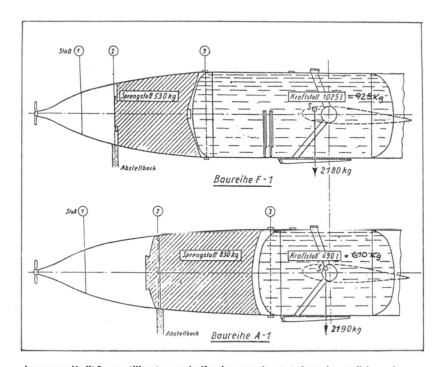

Le nouveau V1 dit F1 : en utilisant un explosif moins encombrant et plus puissant, il devenait possible d'accroître la contenance du réservoir (plus de 1 000 litres contre 690 auparavant). Il en résultait un net accroissement de la portée (370 km) permettant aux rampes mises en place dans le nord des Pays-Bas (secteur d'Almelo) d'atteindre à nouveau Londres, en mars 1945.
Croquis extrait de l'ouvrage de Wilhem Hellmold, Die V1. Eine… S.285.

Neueröffnung des Feuers auf London ou nouvelle ouverture du feu sur Londres

3 mars 1945

Au début du mois de février, l'unité poursuivait l'aménagement de *neue Stellungen,* nouvelles rampes de lancement destinées à bombarder l'Angleterre avec les catapultes reçues récemment et la dernière version du V1. Situés en bordure du rivage de la mer du Nord, les emplacements de lancement étaient installés à proximité de grandes villes : La Haye, Rotterdam et Delft, à mi-chemin entre les deux. D'après Basil Collier, il semble qu'il n'y avait que trois rampes alignées sur Londres, ce qui ne serait nullement étonnant dans la mesure où le stock des V1 à longue portée était fort limité. Pendant ces travaux, les tirs de bombes volantes se poursuivaient, sur Anvers et Liège, à partir des rives du Rhin et des positions situées dans la province hollandaise de l'Overijssel. Pour février, le total des bombardements, en majorité sur Anvers, se montait encore à 2 791 V1 dont 373 crashs. Prévenus par la résistance hollandaise que de nouveaux travaux s'effectuaient près de La Haye, Rotterdam et Delft, les services secrets britanniques menaient une reconnaissance photographique le 26 février et, quelques jours plus tard, les chasseurs-bombardiers de la *2nd Tactical Air Force* venaient bombarder les sites alignés en direction de Londres et fort bien camouflés d'Ypenburg, près de La Haye, et de Vlaardingen, dans la banlieue de Rotterdam, mais pas ceux de Delft, les pilotes n'ayant pas réussi à les identifier. Malgré ces bombardements, « am 3. Marz um 2.30 Uhr eröffnete die 12. Batterie das feuer auf Ziel 0101 (London) » (le 3 mars, la 12ᵉ batterie ouvrait le feu sur la cible 0101, ou Londres). Mais, prévenue par les patriotes hollandais, la défense britannique, qui était aux aguets, abattait 6 bombes sur les 7 lancées et, sur les 10 ayant traversé le *Channel,* l'après-midi, 4 étaient détruites. Deux seulement réussissaient à passer à travers les mailles du filet et à atteindre le Grand Londres. Bien que le KTB s'achève brutalement le 5 mars, le régiment devait poursuivre ses tirs jusqu'à la fin

Excellente photo montrant un V1 pris dans les faisceaux lumineux des projecteurs et bombardé par la DCA.
Keystone - France.

du mois. Entre le 1er et le 28 mars, jour où la dernière bombe s'écrasa sur la capitale britannique, le régiment avait tiré « 1 146 Schuss auf Ziel Antwerpen und 116 auf Ziel London » (1 146 tirs sur la cible Anvers et 116 sur Londres). Au-delà du 28, tous les V1 seront abattus, sauf un, lancé de la mystérieuse rampe de Delft. Le lendemain, l'ultime bombe était détruite peu après midi par un chasseur au large de la côte. Ainsi s'achève pour l'Angleterre la dure bataille des *Vengeance Weapons*.

Au total, environ 10 500 V1 ont été tirés sur l'Angleterre (8 900 à partir de rampes et 1 600 par avion), la quasi-totalité en direction du Grand Londres et quelques centaines sur diverses villes (Southampton, Norwich, Manchester...). Sur les 10 500 tirés, 3 500 ont franchi les côtes de l'Angleterre et parmi ces derniers, 2 400 sont tombés sur l'agglomération, provoquant la mort de 6 200 personnes et en blessant 18 000 autres. Le reste est constitué de 4 000 missiles abattus par les défenses mises en place, plus un millier de tirs ratés et 2 000 disparus au cours du vol vers l'objectif. Si en juin 1944, seulement 42 % des V1 étaient abattus, ce chiffre passait à 60 % fin août. Sur le continent, à partir du 21 octobre jusqu'à la fin du mois de mars 1945, soit plus de cinq mois, le moins que l'on puisse dire est que le régiment du général Wachtel n'a pas chômé. Environ 12 000 V1 ont été tirés sur le port d'Anvers (soit autant que sur Londres) et plus de 3 000 sur des villes continentales (Liège, Charleroi, Namur, Bruxelles, Lille, Paris). Bref, au total, sur les 22 000 bombes volantes qui ont été lancées entre le 13 juin 1944 et la fin du mois de mars 1945, seul un quart d'entre elles ont atteint leur cible. Les autres ont été détruites par les contre-mesures mises en place par les Alliés ou ont été

Affiche d'un film britannique sur la lutte menée contre les armes secrètes. BDIC Paris.

victimes de défaillances mécaniques ou d'erreurs du système de guidage. Après avoir dynamité ses installations de lancement, le 155e Régiment, transformé en régiment d'infanterie, se retirait en direction du Reich et se rendait aux troupes britanniques le 4 mai (ce même jour, le général de l'Armée Rouge Rokossovsky capturait le centre d'essais de Peenemünde). N'étant pas accusé de crimes de guerre, le général Wachtel, ex-commandant du 155e Régiment de Flak, était fait prisonnier. On le retrouve, au début des années cinquante, *Flughafendirektor*, directeur de l'aéroport de Hambourg. Il est mort en 1982, à l'âge de 85 ans.

LA FUSÉE V2

En mai 1945, les Américains procédaient à un long interrogatoire de Speer, le ministre de l'Armement du Reich et le chef de l'Organisation Todt, de 1942 à 1945. A une question relative à la valeur stratégique de la fusée V2, Speer répondait : « ... their effect compared to the cost of their output was negligible » (leur effet comparé au coût de leur production était négligeable). Il ajoutait : « Notre projet le plus coûteux était en même temps celui qui était le plus dénué de sens. »

Antérieure à l'arrivée au pouvoir de Hitler, la mise au point d'une fusée comme arme offensive est sans nul doute le projet le plus coûteux de l'histoire du IIIe Reich. Ayant les faveurs du Führer et de Speer, le ministre de l'Armement, la construction de la fusée A4, baptisée plus tard V2, est un projet de la *Heer* (l'armée de terre) conduit sur le plan militaire par le général Dornberger et sur le plan scientifique par von Braun. La mise au point de l'A4, dont le premier vol réussi date d'octobre 1942, ne tarda pas à soulever l'inquiétude et la jalousie de la *Luftwaffe* qui voyait d'un mauvais œil que l'armée de terre, avec sa fusée, soit la seule à bombarder Londres à distance et vienne donc concurrencer l'aviation. C'est ainsi que la *Luftwaffe* devait se lancer à son tour, plus tardivement que

Mise à feu d'une fusée V2 à la station expérimentale de Peenemünde, au nord de l'Allemagne.
AKG-Images.

Comparaison V1 - V2

V1
Longueur 8,50 m
Envergure 5,00 m
Poids 2,2 t

V2
Longueur 14 m
Diamètre 1,65 m
Poids 14 t

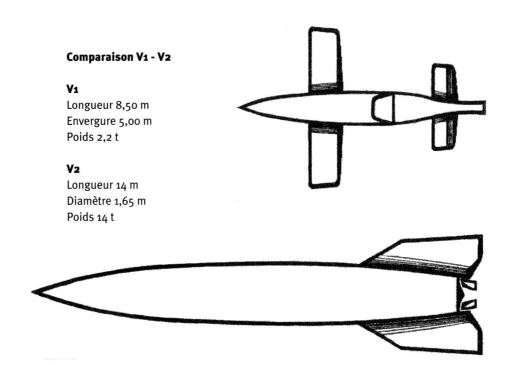

l'armée, dans un projet de construction d'un projectile destiné au bombardement à longue portée des villes d'Angleterre. Portant le nom de code « noyau de cerise », ce programme devait donner naissance au V1. Petit avion sans pilote catapulté des côtes françaises de la Manche sur les cités anglaises, le V1 était à la fois la réponse de Goering au bombardement des villes allemandes par la RAF et la riposte du commandant en chef de l'aviation de guerre face aux empiétements de l'armée de terre sur la mission traditionnelle de la *Luftwaffe*. Malgré ce projet, la petite guerre continuera

entre A4 et Fi 103, premier nom du V1, en raison de la préférence du tout-puissant Speer pour la fusée. Ce soutien sans réserve à l'A4 de la part du ministre de l'Armement du Reich se traduisait pour la *Luftwaffe* par une réduction de ses crédits et par l'obligation de ralentir les recherches, notamment dans la mise au point de l'avion à réaction et, surtout, de la fusée anti-aérienne (projet *Wasserfall*). Rivale de l'A4, cette petite fusée guidée vers sa cible par un opérateur au sol était un engin diabolique spécialement conçu pour faire un carnage parmi les vagues de bombardiers alliés.

Un engin révolutionnaire

En dépit de la priorité accordée à la fusée V2 dans l'attribution des matières premières et de la main-d'œuvre, la bombe volante V1, arme rudimentaire comparée à la fusée V2, véritable condensé de technologie de pointe où tout était à inventer (carburants, système de guidage ou propulsion), devait finalement gagner la course. Il est vrai que passer des ateliers de la station expérimentale de Peenemünde à la fabrication en série de la fusée V2, engin qui comptait plus de 22 000 pièces, n'était pas une mince affaire. D'autant que, pour compliquer encore un peu plus la chaîne de fabrication, les ingénieurs devaient apporter au missile des dizaines de milliers de modifications ! Avec les attaques aériennes alliées massives sur Peenemünde et sur les usines fabriquant les composants de l'arme nouvelle, on a les deux raisons essentielles expliquant les retards dans la mise en œuvre de la fusée. Nulle part à l'abri des raids aériens, Dornberger devait finalement se réfugier avec ses machines-outils dans d'anciennes galeries de mines, dans le massif de Harz. Là, dans ces ateliers souterrains,

Fusée A4 sur son *Meilerwagen* doté de bras hydrauliques. Jacques Boyer/Roger-Viollet.

Nordhausen (avril 1945) : soldat de la Première Armée US examinant le moteur d'une fusée. On aperçoit en haut la turbopompe et les tubulures chargées de transporter carburant et comburant. AKG-Images.

Belgique, novembre 1944 : bloc de propulsion d'une fusée V2. Les orifices visibles sur la gauche de la photo sont les arrivées des tubulures amenant carburant et comburant dans la chambre de combustion. Musée de la Coupole.

appelés *Mittelwerke*, il allait bénéficier d'une main-d'œuvre concentrationnaire illimitée et gratuite pour construire ses fusées à la chaîne : « Deux tunnels parallèles mesurant chacun un peu moins d'un kilomètre avaient été creusés dans les flancs du massif de Harz. Quarante-sept galeries transversales plus petites, où étaient usinées les pièces, se raccordaient à ces tunnels principaux qui servaient au montage et au transport. Ce labyrinthe était éclairé par des lampes fixées à la voûte et ventilé par de larges tuyaux métalliques amenant de l'air forcé à température constante. Des voies ferrées s'enfonçaient dans ces tunnels (…) Rien n'était décelable de l'extérieur. Les *Mittelwerke* travaillaient vingt-quatre heures sur vingt-quatre et sept jours sur sept par semaine (…) Hans Kammler et les SS étaient les maîtres de cet empire de l'ombre (…) Kammler avait affecté aux *Mittelwerke* 6 000 esclaves du travail prélevés sur les camps de concentration voisins de Nordhausen et de Dora ainsi que de

Buchenwald, qui se trouvait à 60 km de là (…) Tous les matins à 4 heures, les détenus de Nordhausen se mettaient en marche pour l'usine souterraine. » (James McGovern, *La chasse aux armes secrètes allemandes*.)

Nordhausen-Mittelwerke : délégation américaine dans les galeries souterraines où des milliers de déportés traités comme des bagnards furent contraints d'assembler les missiles balistiques dans des conditions épouvantables. DITE Usis.

Description
de la fusée

Engin inédit, d'une hauteur de 14 m et d'un poids de plus de 12 tonnes dont 9 de combustible et de comburant, la fusée V2 emportait une tonne d'explosif à l'instar du V1. Le missile n'utilisait pas de combustible ordinaire (kérosène ou fuel) mais des substances chimiques possédant des qualités énergétiques exceptionnelles. L'alcool éthylique ou éthanol, provenant de la distillation de la pomme de terre, était le carburant et l'oxygène liquide était le comburant. Bien que présentant l'inconvénient d'avoir un point de fusion très bas (− 183°), ce qui posait des problèmes de stockage et de

**Dimensions de la fusée V2 posée,
comme pour un lancement, sur une table de tir.**

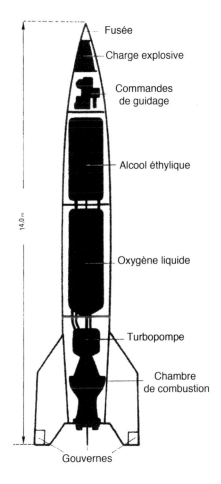

Fusée

Charge explosive

Commandes
de guidage

Alcool éthylique

Oxygène liquide

Turbopompe

Chambre
de combustion

Gouvernes

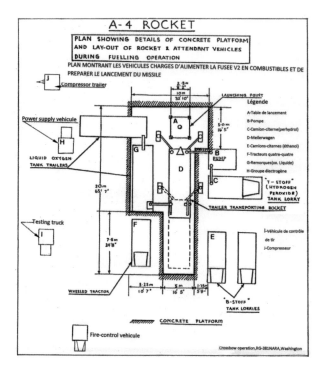

Plan d'une plate-forme de lancement avec les divers véhicules. Document d'archives d'origine américaine.

transvasement en raison des pertes importantes par évaporation (environ 2 kg/mn), l'oxygène était indispensable au fonctionnement du moteur dans la mesure où l'engin effectue la plus grande partie de son vol dans le vide (la stratosphère). Stockés séparément à bord du vaisseau spatial dans des réservoirs en alliage spécial (d'une capacité d'un peu plus de 4,5 m³ pour l'alcool et autant pour l'oxygène), ces deux liquides étaient aspirés à très grande vitesse par une turbopompe d'un modèle tout nouveau. Cette turbine était mue selon le procédé mis au point par l'ingénieur Walter, consistant à utiliser la grande quantité d'énergie fournie lors de la décomposition de réactifs chimiques, perhydrol ou eau oxygénée (170 kg contenus

dans un réservoir en acier), en présence d'un catalyseur, le permanganate de calcium (15 kg sous forme liquide contenus dans un réservoir cylindrique). La consommation de la turbine étant de 1,6 kg/s, les 170 kg d'oxygène disparaissaient en une centaine de secondes. On sait déjà que le procédé Walter était utilisé dans la catapulte chargée de lancer le V1. Tournant à pleine allure, la turbine entraînait deux pompes : l'une pour l'éthanol (d'une puissance de 360 ch, cette pompe faisait pénétrer 56 kg d'alcool à la seconde dans la chambre de combustion) et l'autre pour l'oxygène liquide (320 ch et 57 kg à la seconde). Véritable miracle de la technique, la turbopompe était donc capable d'amener dans la chambre de combustion plus de 130 kg de liquide à la seconde, soit de quoi alimenter le moteur pendant 70 secondes ! Dans un bruit assourdissant, sous l'effet de l'éjection des gaz à très grande vitesse provenant de la combustion, il en résultait une poussée sur le sol de 25 tonnes qui propulsait, par réaction, le missile vers le ciel. S'arrachant à la pesanteur, la fusée de 12 tonnes atteignait la vitesse du son en moins de 30 secondes. A 30 km d'altitude, l'engin s'inclinait dans la direction programmée tout en continuant à s'élever. Une minute après le départ, à 50 km d'altitude alors que la V2 volait dans la stratosphère, la vitesse avoisinait les 6 000 km/h. Au bout de 70 secondes, une station au sol coupait la combustion, le missile poursuivait sur sa lancée son mouvement ascensionnel puis retombait sur son objectif à une vitesse de près de 4 000 km/h. Au total, le vol avait duré moins de cinq minutes. Après s'être enfoncé dans le sol, l'engin diabolique explosait, creusant un cratère d'une quarantaine de mètres de diamètre.

Opération de remplissage des réservoirs d'un « pingouin » – nom de code donné par la troupe à la fusée – avant le lancement. Jacques Boyer/Roger-Viollet.

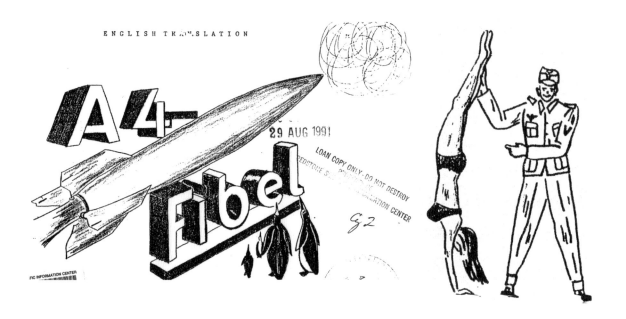

Pour mettre à la portée du simple soldat chargé de la mise en œuvre de la fusée sur le terrain, les ingénieurs de Peenemünde avaient rédigé un manuel technique expliquant avec des croquis simples, souvent humoristiques voire érotiques, les multiples opérations à effectuer avant le lancement de la fusée. A défaut de trouver un exemplaire en langue allemande, on a utilisé une traduction très exacte en langue anglaise. Couverture du manuel technique intitulé *A4-Fibel* (ou Abécédaire de la fusée A4).

Dessin relatif à la mise debout de la fusée, assimilée dans l'Abécédaire à une jeune fille très sportive.

Etant donné la complexité des opérations de lancement de l'arme nouvelle, le commandement devait publier, à l'intention des soldats chargés de la mise en œuvre de la fusée, un manuel technique ultra-secret intitulé *A4 Fibel* ou l'Abécédaire de l'A4. Le but de cette brochure était de combler le fossé existant entre le jargon technique utilisé dans les centres de recherches par les ingénieurs et le simple soldat devant utiliser ce nouvel armement. Il fallait donc expliquer de façon claire et vivante les diverses opérations à effectuer sur le pas de tir avant l'envol de la fusée. Des dessins humoristiques, des jeunes filles en tenues légères ou des paysages bucoliques agrémentaient la lecture de ce manuel d'instruction. Des remarques de bon sens faisant appel à la conscience ou au sens civique de chacun figuraient sur chaque page, comme, par exemple, la nécessité pour le soldat de bien connaître son manuel afin de réussir chaque tir et d'occasionner le plus de mal à l'ennemi du Reich.

Les *Sonderbauten* pour le lancement de la fusée (ouvrages spéciaux)

En raison de la multiplicité et de la complexité des opérations à effectuer avant le lancement, le commandement allemand avait construit dans le nord de la France et dans la péninsule du Cotentin des bunkers géants. Dans le nord du pays, on trouvait deux installations : l'une à Watten-Eperlecques et l'autre à Wizernes. Dans la péninsule du Cotentin, un bunker géant appelé Sottevast par les Alliés était construit, au sud de Cherbourg, sur la commune de Brix. Comme pour le lancement du V1, à côté des grands bunkers, le commandement édifiait, dans les campagnes françaises, environ 70 sites de lancement constitués d'une simple dalle de béton devant être utilisée par des unités mobiles de tir.

Carte des *Sonderbauten*, ou bunkers géants, en France.

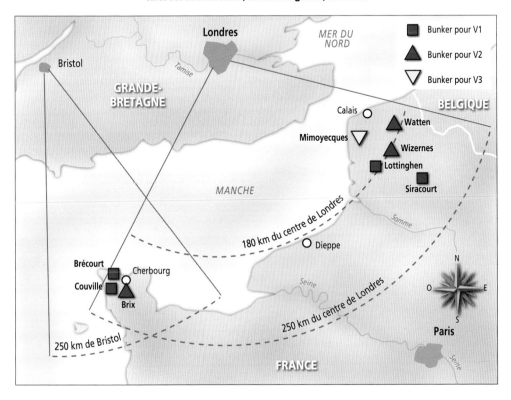

Le bunker de Brix-Sottevast

Avec Watten et Wizernes, Sottevast constitue le troisième bunker géant édifié par l'occupant dans notre pays pour le lancement des fusées. Implanté à une dizaine de kilomètres au sud de Cherbourg, dans une sorte d'amphithéâtre naturel dominé par le coteau de Brix, le site était relié par un embranchement à la voie ferrée venant de Paris. Selon les plans allemands capturés par les Américains, l'ouvrage devait être construit selon la technique du coffrage de terre, c'est-à-dire que l'on commençait par le bétonnage du toit sur le sol et l'on creusait ensuite les locaux à l'abri sous la dalle de béton. L'ouvrage de Brix-Sottevast étant tout juste ébauché, ce que l'on voit encore aujourd'hui correspond au sommet de la dalle de couverture. Une fois achevé, le bunker, qui devait avoir la forme d'un rectangle long de près de 200 m et large d'une soixantaine, représentait une masse de plus de 100 000 m³ de béton. A l'intérieur, l'ouvrage était traversé de part en part par deux longs tunnels parallèles pour voies ferroviaires capables d'accueillir des trains complets. Le tunnel le plus étroit servait au déchargement des explosifs, le plus large au déchargement des trains chargés de missiles ou remorquant des wagons-citernes contenant des produits chimiques (oxygène liquide, alcool, permanganate de calcium, perhydrol). Un grand hall de montage avec échafaudages permettait de procéder aux différents réglages et contrôles de la fusée avant le lancement, qui était effectué sur une plate-forme à l'air libre, à l'extrémité du bunker isolé.

Sottevast : photo aérienne montrant le bunker aujourd'hui. Delta-Roméo.

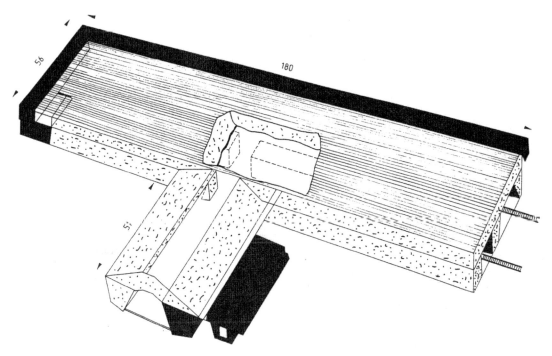

Sottevast : plan du bunker destiné au lancement
des fusées. En noir sont les parties construites
à la fin du mois de juin 1944.

Sottevast : coupe à travers le bunker. NARA.

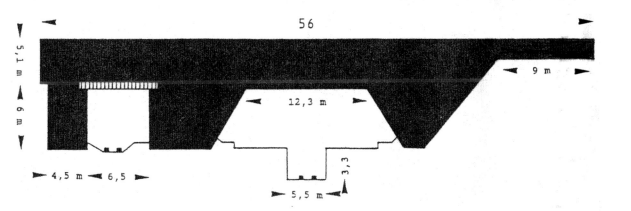

L'ouvrage de Brix à Sottevast

Sottevast : on reconnaît sur la photo au premier plan la forme caractéristique d'un piédroit de bunker géant construit selon le principe de l'*Erdschallung*. NARA.

À DROITE : **Sottevast : un dépôt de matériaux de construction du chantier.** NARA.

Sottevast : photo aérienne montrant les débuts de la construction du bunker selon le principe du coffrage en terre mis au point par les ingénieurs de l'Organisation Todt. NARA.

Sottevast : vue du vaste chantier aisément repérable par l'aviation alliée. NARA.

Sottevast : le chantier à l'arrivée des Américains. NARA.

Sottevast : vue du site. NARA.

Sottevast : les généraux Eisenhower et Bradley visitent le chantier. NARA.

L'ouvrage
de Watten-Eperlecques

Dans les archives britanniques, Watten est le nom donné par les Alliés au bunker géant construit par les Allemands dans la forêt d'Eperlecques. Cet ouvrage, repéré à la fois grâce aux reconnaissances photographiques aériennes et aux informations fournies par les réseaux de renseignements, fait partie des sites désignés dans les archives alliées sous l'expression *large or heavy sites,* soit grands sites ou sites lourds liés au lancement des armes secrètes.

Situé dans le nord de la France, non loin de Saint-Omer et à 15 km de Wizernes, l'ouvrage de Watten est bâti sur le flanc d'une colline, dans une clairière de la forêt de la commune d'Eperlecques. Ce site présentait plusieurs avantages en ce qui concerne l'alimentation en énergie électrique, la desserte ferroviaire avec la ligne Lille-Saint-Omer-Calais et la proximité de la rivière Aa canalisée. Forme et dimensions du futur

INVESTIGATION OF THE "HEAVY" CROSSBOW INSTALLATIONS IN NORTHERN FRANCE.

REPORT BY THE SANDERS MISSION TO THE CHAIRMAN OF THE CROSSBOW COMMITTEE.

VOLUME III.

TECHNICAL DETAILS.

SECTION III . . . . . . WATTEN.

Copie du rapport rédigé par la mission Sander relatif aux *heavy sites*, ou sites lourds, construits sur le territoire français par les Allemands, adressé au comité Crossbow. Cette importante étude, conservée par les centres d'archives alliés, est la source essentielle pour reconstituer l'histoire de tous les grands sites en rapport avec les armes secrètes.

Eperlecques-Le Blockhaus : bunker dit de Watten dans les archives alliées. Rémy Desquesnes.

bunker qui portait le nom de code de « Centrale électrique du Nord-Ouest » étaient semblables à celles des gros abris pour sous-marins que l'Organisation Todt achevait de construire sur la côte atlantique. Une fois terminé, l'ouvrage devait pouvoir permettre, à partir de Noël 1943, le tir de 70 fusées par jour sur Londres et sur les centres urbains de l'Angleterre du Sud-Est. Ce planning ne tenait compte ni des bombardements alliés éventuels sur les sites de lancement de la fusée ni des multiples

Le bunker lors de l'arrivée des Canadiens.
Archives du Canada.

À DROITE : **Le bunker de la forêt d'Eperlecques photographié par l'IGN.** IGN, Paris.

difficultés de programmer la fabrication en série d'une arme qui comptait, comme le raconte le général Warlimont dans son ouvrage intitulé *Cinq ans au GQG de Hitler*, plus de 22 000 pièces et avait exigé plus de 60 000 modifications !

Le site de Watten fut découvert par les Alliés, à la suite d'une reconnaissance photographique aérienne effectuée sur le nord-ouest de la France, au tout début de l'été 1943. Les documents photographiques révélaient l'existence, dans la forêt d'Eperlecques, d'une

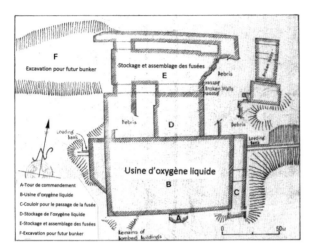
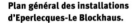
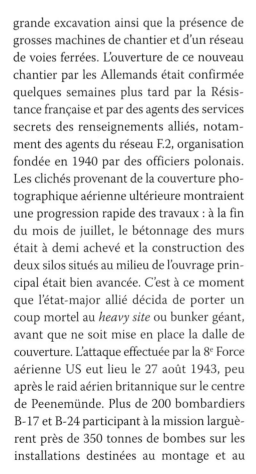

**Plan général des installations
d'Eperlecques-Le Blockhaus.**

Vue du bunker : façade Est avec les bouches d'aération.
Rémy Desquesnes.

grande excavation ainsi que la présence de grosses machines de chantier et d'un réseau de voies ferrées. L'ouverture de ce nouveau chantier par les Allemands était confirmée quelques semaines plus tard par la Résistance française et par des agents des services secrets des renseignements alliés, notamment des agents du réseau F.2, organisation fondée en 1940 par des officiers polonais. Les clichés provenant de la couverture photographique aérienne ultérieure montraient une progression rapide des travaux : à la fin du mois de juillet, le bétonnage des murs était à demi achevé et la construction des deux silos situés au milieu de l'ouvrage principal était bien avancée. C'est à ce moment que l'état-major allié décida de porter un coup mortel au *heavy site* ou bunker géant, avant que ne soit mise en place la dalle de couverture. L'attaque effectuée par la 8e Force aérienne US eut lieu le 27 août 1943, peu après le raid aérien britannique sur le centre de Peenemünde. Plus de 200 bombardiers B-17 et B-24 participant à la mission larguèrent près de 350 tonnes de bombes sur les installations destinées au montage et au stockage des fusées, situées juste en arrière du grand bunker. Devant l'ampleur des dégâts suite à un second raid aérien (au début du mois de septembre), le commandement abandonnait le projet de faire de Watten un site de tir de fusées au profit du site voisin de Wizernes dont la construction progressait. A la place d'une base de lancement, il était décidé de convertir le bunker de Watten en une usine de production de substances chimiques.

Afin de mettre l'ouvrage à l'abri des bombardements aériens, les ingénieurs de l'Organisation Todt mettaient en œuvre une technique de construction audacieuse et totalement nouvelle. Au lieu de poursuivre la construction des murs jusqu'à leur hauteur finale et de mettre en place ensuite la dalle de couverture, ils décidaient de couler ladite dalle en prenant appui sur les murs à demi achevés et de monter progressivement le toit grâce à de puissants vérins hydrauliques au fur et à mesure de l'élévation des murs. La reprise des travaux sur le bunker contraignait les Alliés à revenir à la charge à la fin de l'année 1943. Il faut dire qu'au même moment, ceux-ci découvraient les bunkers géants de Couville, Sottevast et Siracourt… ainsi que des dizaines et des dizaines de *ski-sites* ou sites de lancement pour la bombe volante V1. Tous ces ouvrages avaient une caractéristique commune, à savoir qu'ils étaient tous orientés en direction de Londres ou de Bristol pour les bunkers de la péninsule du Cotentin, sauf celui de Watten. Quelle était donc la fonction de ce dernier ? Les suppositions étaient nombreuses mais l'incertitude demeurait et le but de l'installation ne sera jamais clairement établi pendant le conflit. Aussi, le mystérieux ouvrage sera-t-il abondamment attaqué avec des bombes de 6 tonnes chargées de percer le béton et même par des bombardiers américains B-17 chargés d'une dizaine de tonnes d'explosif et radioguidés en fin de vol sur leur objectif (opération *Aphrodite*), après que le pilote eut sauté en parachute pour être récupéré par un *Lysander*. Voici ce qu'écrit le général Dornberger à propos des bombardements de Watten : « Il est exact que la casemate de Watten fut dotée d'un toit et terminée dans son grand œuvre sans qu'intervienne l'aviation adverse, mais, ensuite, les bombardiers firent pleuvoir des bombes de 6 tonnes. La dalle de béton résista, mais, en explosant à côté de la casemate, les projectiles ébranlèrent les fondations prévues pour recevoir les génératrices à hydrogène. Cette fois, l'abri devint véritablement inutilisable. »

Face à tous ces assauts, Hitler ordonnait, le 18 juillet 1944, de cesser tous les travaux à Watten et, à la fin du même mois, le site était abandonné, après que tout l'appareillage de valeur eut été démonté et renvoyé en Allemagne. Au début du mois de septembre, comme l'écrit le colonel Stacey, dans son volumineux ouvrage, la 1re Canadienne s'emparait sans difficulté du site.

Vue de la façade principale avec la tour de commandement. Rémy Desquesnes.

Vue arrière du bunker où devaient être réceptionnées et assemblées les fusées. Rémy Desquesnes.

Intérieur du bunker (Eperlecques-Le Blockhaus) et fusée debout pour montrer le gigantisme des installations de Watten. Rémy Desquesnes.

Description de l'ouvrage

A la différence du site de Wizernes où la majorité des installations sont souterraines, les ouvrages de Watten sont tous construits au niveau du sol. Le bâtiment principal se compose d'un solide édifice prolongé sur sa face nord par diverses installations qui ont été très endommagées par les bombardements. La construction la plus importante, ou bunker, est une énorme masse de béton, de forme rectangulaire (83 m sur 46 et 22 de haut) dont les murs sont renforcés à la base par de puissants contreforts. Ce bloc de béton est traversé de part en part, sur sa face septentrionale, par une voie ferrée à écartement standard et ce tunnel est l'unique moyen d'accès vers l'intérieur du bâtiment. Chaque extrémité du tunnel est fermée par une épaisse porte métallique montée sur rails. Le plafond du tunnel de chemin de fer est constitué, sauf dans sa partie médiane, par une dalle de béton. Au-dessus s'étend jusqu'au toit de l'édifice une pièce haute de plus de 10 m, non partagée en étages et contenant de grands réservoirs en aluminium. L'absence de plancher permet un accès direct au-dessus de la voie ferrée. Le reste du bunker

Endroit d'assemblage des fusées.
Rémy Desquesnes.

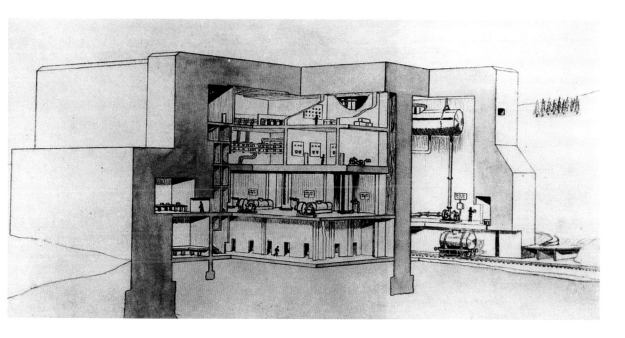

Bunker d'Eperlecques ou de Watten : vue des étages et de l'usine d'oxygène liquide.

est divisé en quatre étages où se trouvaient machines, pompes et compresseurs. Situés immédiatement sur la face nord du bunker, divers bâtiments qui devaient servir au montage et au stockage des fusées sont en piteux état. Au-delà, on trouvait un bunker servant d'abri anti-aérien et la centrale électrique avec un puissant groupe électrogène alimentant l'usine sous de très hauts voltages en cas de panne du secteur.

Destination du bunker

Le grand bunker a beaucoup intrigué les savants alliés pendant la guerre et diverses hypothèses avaient été formulées à son sujet. En particulier, certains scientifiques avaient établi un rapport entre l'ouvrage de Watten et l'usine d'eau lourde construite en Norvège. Afin de résoudre cette énigme, une mission militaire alliée conduite par le colonel Sanders examinait minutieusement, à l'automne 1944, les principaux sites alle-

mands liés au lancement des armes secrètes. Le rapport rédigé par cette mission, accompagné de multiples croquis, est une source d'archives essentielle pour l'historien, accessible aux chercheurs et consultable à Washington ou à Londres. La petite équipe de militaires et de savants alliés composant cette mission devait faire appel à un groupe de savants français dirigé par Frédéric Joliot-Curie pour inspecter certains sites. Après une observation attentive, il apparaissait clairement aux savants qu'il convenait d'établir une liaison entre l'ouvrage de Watten et la grande base de lancement de fusées de Wizernes, située à quelques kilomètres. Autrement dit, le grand bunker de Watten était une usine où l'on fabriquait et stockait des produits chimiques, difficiles à transporter comme l'oxygène liquide, dont le point de fusion est de − 183° ou le perhydrol, substance utilisée à la fois pour le V1 et la V2 ainsi que le permanganate de calcium.

Grue utilisée sur le chantier. Rémy Desquesnes.

Les conclusions du rapport allié, datant de la fin de l'année 1944, ont été depuis lors confirmées par des études allemandes, notamment par deux rapports de Xaver Dorsch. Selon le chef de l'Organisation Todt, le bunker de Watten-Eperlecques était à la fois une usine de production de peroxyde d'hydrogène et d'oxygène liquide pour la fusée V2 et un centre de stockage d'alcool

Wagonnet ayant servi à la construction du bunker, encore sur le site. Rémy Desquesnes.

Le blockhaus d'Eperlecques : bombe de 6 tonnes (*tallboy*). Rémy Desquesnes.

éthylique. De Watten, des camions ravitaillaient tout un réseau de dépôts de campagne éparpillés dans le nord de la France. Très vite, il devint urgent de prévoir la construction d'une seconde puis d'une troisième usine d'oxygène liquide pour alimenter les dépôts situés au sud de la Seine. Ces deux usines seront construites sur les rives du fleuve, à Caumont et à Dieppedale. En résumé, Watten n'était donc, comme certains l'avaient supposé, ni une usine de production de gaz toxiques destinés au front ni une usine d'explosifs et, encore moins, une usine où le Reich construisait une bombe atomique.

Le site de lancement de fusées V2 de Wizernes

Assez spectaculaire, l'ouvrage de la Coupole, aujourd'hui musée, est situé à proximité de Saint-Omer, à 180 km du centre de Londres.

La construction de la base de lancement

L'installation, dont l'essentiel est sous terre, est creusée dans le flanc de la carrière de craie du mont d'Helfaut, le long de la voie ferrée Saint-Omer-Lille. Primitivement, le site de Wizernes était conçu comme base souterraine de stockage de fusées V2 devant être lancées à partir du bunker de Watten. Mais, à la suite du terrible bombardement de celui-ci par l'aviation alliée, le 27 août 1943,

le commandement allemand décidait de transférer la base de lancement à Wizernes dont la construction était à peine entamée et de convertir Watten en usine de fabrication de produits chimiques. Afin de mettre l'ouvrage de Wizernes à l'abri des bombardements aériens, Dorsch, l'un des responsables de l'Organisation Todt sur le front Ouest, décidait d'utiliser la technique de construction baptisée *Verbunkerung* ou *Erdschallung*. Ce procédé consistait à mettre à l'abri des plus puissants bombardements aériens les installations souterraines par l'édification sur le sommet de la carrière

Le site de Wizernes vu du ciel. La Coupole/J. Cadez.

Wizernes : la carrière de craie en 1941, avant sa réquisition. Rémy Desquesnes.

Wizernes : vue rapprochée du dôme ou coupole dans les années 1970. Rémy Desquesnes.

d'un épais bouclier. Comme à Siracourt, les travaux commençaient par la construction du toit constitué d'une épaisse coupole de béton de 38 m de diamètre prolongée par une dalle large d'une quinzaine de mètres, formant un anneau autour du dôme. Des structures en béton jouant le rôle d'arcs-boutants, une cheminée d'aération et un poste d'observation et de contrôle du tir des fusées complétaient les installations bâties sur le faîte de la colline.

Dans le même temps, 600 mineurs venus des mines de la Ruhr, aidés par un nombre égal de travailleurs de l'Organisation Todt (Ukrainiens ainsi que des ouvriers belges et français alléchés par les nombreuses primes promises) entamaient sur un rythme

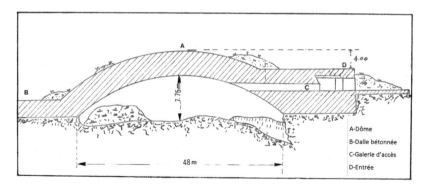

Wizernes : le sommet de la colline avec la coupole, ses arcs-boutants et la cheminée d'aération.

accéléré grâce au travail continu, de jour comme de nuit, le creusement des galeries souterraines. Parmi les rapports allemands trouvés sur le site figurent des comptes rendus très détaillés adressés chaque mois à la direction de l'OT, à Paris, par l'entreprise *Holzmann AG* de Francfort-sur-le-Main,

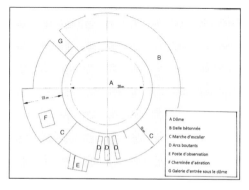

Wizernes : plan d'accès sous la coupole. Le cube de craie situé sous la coupole qui devait être enlevé pour donner naissance à un vaste et haut espace dit salle octogonale.

Wizernes : plan de la coupole et de la dalle bétonnée périphérique.

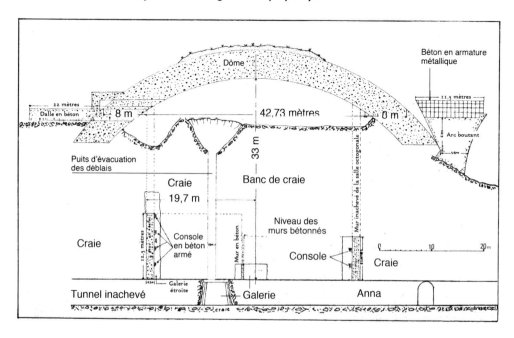

Wizernes : entrée de l'ouvrage, aujourd'hui également entrée du musée de la Coupole. Rémy Desquesnes.

Wizernes : large couloir d'entrée baptisé Ida, autrefois parcouru par une voie ferrée à écartement standard. Rémy Desquesnes.

responsable du chantier. Selon ces archives, il y avait encore sur le site de Wizernes, en mai 1944, plus de 1 100 personnes, dont 600 Allemands et 522 étrangers, en dépit des évasions. Malgré ces renforts, en juillet 1944, en pleine bataille de Normandie, au moment des grands bombardements du site, les travaux étaient loin d'être achevés : environ 1 500 m de galeries étaient creusés sur les 2 000 m prévus et le bétonnage des piédroits et des voûtes n'était achevé que dans quelques grands tunnels. Quant à la salle octogonale située sous le dôme, les travaux n'y étaient encore qu'à l'état d'ébauche.

Les bombardements aériens

Le site de Wizernes était repéré pour la première fois en août 1943. Trois mois plus tard, grâce aux informations fournies par la Résistance, une nouvelle reconnaissance aérienne permettait de découvrir la coupole, sur le sommet de la colline, quasiment achevée. Les premiers bombardements débutaient au printemps 1944 et causaient de graves dommages, notamment des fissures aux voûtes et aux piédroits. Selon les archives de la firme *Holzmann*, il y eut, en mai, 229 alertes aériennes et deux bombardements qui détruisirent le matériel de chantier, bouleversèrent les abords, provoquèrent des coupures électriques et finalement la perte de près de 50 000 heures de travail. C'est en juillet que Wizernes allait recevoir le coup de grâce à la suite d'un bombardement du site avec des bombes de 6 tonnes mises spécialement au point pour le pilonnage des bases sous-marines. Outre les multiples entonnoirs modifiant de fond en comble le paysage de la carrière, les terribles secousses engendrées par les déflagrations devaient provoquer des éboulements monstrueux aussi bien internes qu'externes, obstruant les entrées de galeries et occasionnant des tassements dans la falaise en raison des vides créés par l'existence des galeries. Malgré la présence d'arcs-boutants, il se produisit des affaissements importants sur la façade occidentale du dôme qui rendirent l'ouvrage inutilisable. Ce dernier était abandonné à la fin du mois. Dans son livre *L'arme secrète de Peenemünde*, le général Dornberger dit à peu près la même chose : « A Wizernes également, on parvint à terminer le bouclier de béton ; mais, là aussi, les bombes ébranlèrent le calcaire de la carrière et des éboulements se produisirent ; au printemps 1944, on dut interrompre les travaux. »

Description des installations

Les installations souterraines comprennent les galeries et la salle octogonale. Parmi les tunnels, la galerie *IDA*, long couloir orienté Ouest-Est, large de 5 m et haut de 6, entièrement bétonnée, était parcourue par une voie ferrée à écartement standard raccordée à la ligne Calais-Saint-Omer-Lille. Le long de cette galerie s'ouvrent plusieurs alvéoles ; l'un d'entre eux abritait l'usine électrique composée, selon les archives, de matériels

Wizernes : plan de l'ouvrage. Archives britanniques.

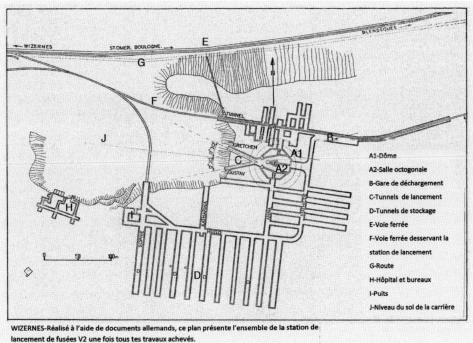

A1-Dôme
A2-Salle octogonale
B-Gare de déchargement
C-Tunnels de lancement
D-Tunnels de stockage
E-Voie ferrée
F-Voie ferrée desservant la station de lancement
G-Route
H-Hôpital et bureaux
I-Puits
J-Niveau du sol de la carrière

WIZERNES-Réalisé à l'aide de documents allemands, ce plan présente l'ensemble de la station de lancement de fusées V2 une fois tous les travaux achevés.

français de même que toute l'installation de ventilation. Les autres grands tunnels *(Matilda, Hugo...)* menaient tous à la salle octogonale. Située sous la coupole, cette salle constitue le cœur de l'ouvrage. L'intention de l'ennemi était de creuser au sein de la masse crayeuse, sous le dôme, un profond silo de forme octogonale occupant tout l'espace entre le niveau de la carrière et la base du dôme. Ainsi, on disposait, au sein de la falaise de craie, d'une salle très haute permettant le montage des fusées en position verticale et cela à l'abri des raids aériens, grâce à l'épaisse dalle de béton coiffant la colline. Afin de contrecarrer un danger d'éboulement dû à un lent phénomène de décompression de la roche, provoqué par la

création d'un vide au sein de la falaise qui, de surcroît, supportait le poids du dôme et de sa collerette, l'Organisation Todt avait prévu de blinder sérieusement le pourtour de la salle au moyen d'un épais revêtement de béton armé capable de résister aux poussées exercées sur les parois latérales. Sur les murs de la salle, étaient placées tous les trois mètres des consoles destinées à supporter les charpentes métalliques d'une dizaine d'étages. Deux ascenseurs étaient prévus ainsi que des escaliers pour desservir ces étages. Deux tunnels, *Gustav* et *Gretchen*, hauts de 17 m et larges de 4, menaient de la salle octogonale où l'on préparait la fusée jusqu'à deux plates-formes de tir situées au pied du versant de la carrière.

Wizernes : coupe montrant l'ouvrage destiné au lancement des fusées, une fois les travaux achevés.

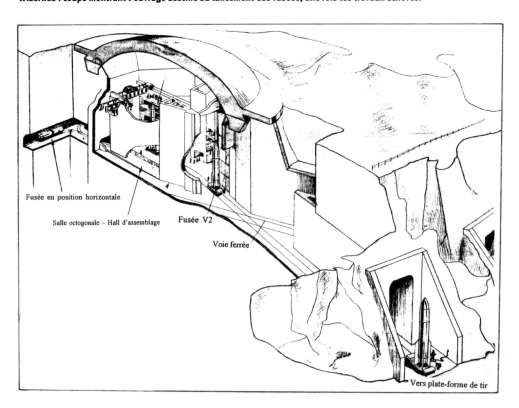

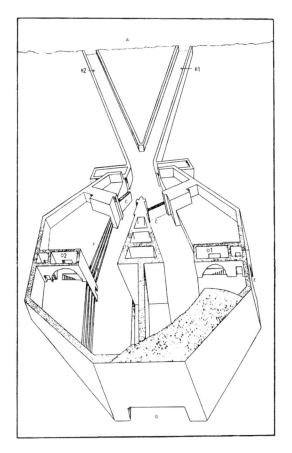

Wizernes : plan de la salle octogonale. A : carrière et plateformes de tir - B1 : tunnel Gretchen - B2 : tunnel Gustav - C : porte blindée - D1 : ascenseur - D2 : ascenseur - E : tunnel H en provenance de la galerie IDA - F : étages d'accès à la fusée lors de la préparation du tir - G : tunnel Mathilde débouchant sous le niveau de la salle octogonale.

Fusée V2 partant non de l'ouvrage de Wizernes mais de la base de Peenemünde. AKG-Images.

Fonctionnement de la base de Wizernes

Les vastes installations de Wizernes étaient destinées à être à la fois un site de stockage, d'assemblage et de lancement de fusées. En provenance des galeries de stockage souterraines, les missiles étaient amenés en position horizontale sur des plates-formes mobiles se déplaçant sur des rails à l'intérieur de la structure octogonale où elles étaient mises en position verticale. Dans cette grande fosse avaient lieu les multiples opérations précédant le lancement (contrôles du système de guidage, remplissage des réservoirs…). Puis les chariots supportant les missiles étaient conduits à travers les tunnels *Gustav* et *Gretchen* vers les pas de tir orientés l'un vers Londres, l'autre vers les îles anglo-normandes ! Le site de Wizernes, aujourd'hui musée de la Coupole, est de tous les *heavy sites*, ou bunkers géants, celui dont la construction était la plus avancée. Autour de cette grande base souterraine de tir gravitaient une quarantaine de petites stations mobiles de lancement.

Autres installations

Les petites stations mobiles de lancement de fusées

A côté des bunkers géants, cibles de prédilection des bombardements par les bombardiers alliés, le commandement allemand, sous l'impulsion du général Dornberger, avait construit un grand nombre de stations de tir disséminées dans la campagne. En réalité, on observe pour le lancement de la V2 la même évolution que pour le lancement des bombes volantes. Des détachements mobiles munis de camions, après avoir lancé un missile à partir d'une de ces plates-formes, disparaissaient pour recommencer quelques kilomètres plus loin.

Les bases mobiles de lancement de fusées, comme celles éparpillées dans le département du Calvados, étaient des constructions très simples. La plupart étaient situées dans les longues allées menant à de belles demeures, comme le manoir champêtre dit château de Rochefort, sur la commune de Saint-Jean-de-Savigny, aux confins des départements du Calvados et de la Manche.

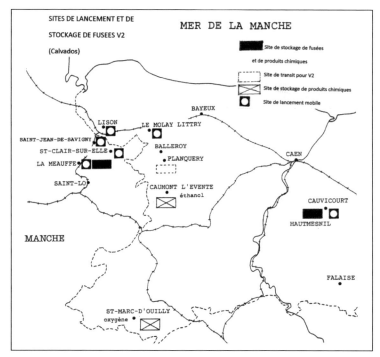

Carte des sites liés au lancement de la fusée V2 dans le Calvados.

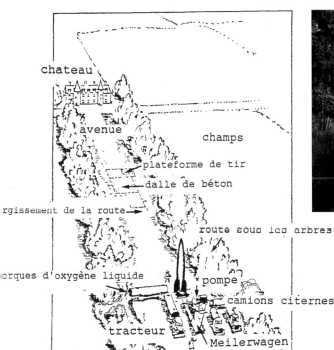

Château de Rochefort, aujourd'hui. Il ne reste aucune trace de cette plate-forme depuis la réfection de l'allée.
Rémy Desquesnes.

Ci-contre : **Saint-Jean-de-Savigny, château de Rochefort. Plan américain montrant la plate-forme de lancement de fusées avec les véhicules d'accompagnement, dans l'allée de la gentilhommière.**

Comme de coutume, l'Organisation Todt avait cherché à simplifier le travail : contrairement aux multiples installations d'une base V1 de première génération, un site de lancement de fusées se réduisait à la construction d'une plate-forme en béton de type standard. Sur cette assise parfaitement horizontale, la batterie chargée du lancement posait une table de tir alors que le *Meilerwagen,* ou chariot spécial destiné au transport, mettait en position verticale la fusée à l'aide d'un bras hydraulique et que les camions-citernes et une puissante pompe prenaient place autour selon un plan bien établi. Les contre-allées boisées de part et d'autre de l'avenue centrale servaient au camouflage des véhicules et des tracteurs. Un site identique, dont il ne reste rien de visible aujourd'hui, était situé au château du Molay-Littry. Ces deux installations liées au lancement de la fusée étaient les deux premières que l'armée américaine rencontra, aussi tiennent-elles dans les archives alliées une place de choix. Pour ravitailler les sites de lancement, l'armée avait construit, en zone avancée, un certain nombre de dépôts.

Les opérations de remplissage vues selon l'*A4 Fibel*, toujours accompagnées de brèves leçons de morale.

Les sites de stockage dans le Calvados

Le plus grand de ces sites, en Basse-Normandie, est celui situé dans la carrière des Aucrais, sur la commune de Cauvicourt. Comme bien souvent, les Allemands avaient creusé à partir du front de taille de la carrière de multiples galeries souterraines. Même si, aujourd'hui, la moitié des longs couloirs souterrains ont été détruits et si plusieurs entrées ont été obstruées par des remblais, la carrière des Aucrais, dite aussi de Hautmesnil dans les archives d'Ottawa, en raison du fait que ce sont les Canadiens qui ont libéré ce lieu, demeure un site unique en Basse-Normandie. Dans ces couloirs dont certains sont bétonnés, sous une épaisse couverture de roche calcaire, les Allemands devaient abriter des fusées posées horizontalement sur un chariot roulant sur voie ferrée étroite ainsi que les produits chimiques, têtes explosives, groupes électrogènes, compresseurs et locotracteurs. A côté de ce grand centre d'approvisionnement où devait être entreposée une centaine de fusées, on trouvait dans la région un certain nombre

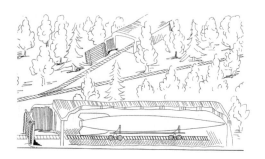

Planquery : dépôt de transit de fusées V2 dans le bois de Baugy. Plan américain.

de petits dépôts de campagne situés, par exemple, à La Meauffe, près de Saint-Lô, dans de vieux fours à chaux, en bordure de la voie ferrée Carentan-Saint-Lô ou dans les forêts. Le site dit de Planquery, installé dans les bois de Baugy, abritait une trentaine de fusées dissimulées dans des baraques en bois assez sommaires. Chaque abri contenait une fusée et l'ensemble de ces abris était relié par des voies ferrées Decauville. Baugy était un dépôt de transit destiné à alimenter par camion tirant une remorque les bases de lancement de Saint-Clair-sur-Elle et de Saint-Jean-de-Savigny.

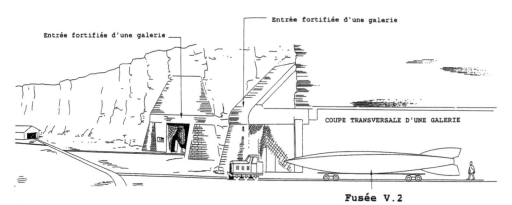

Cauvicourt-Hautmesnil : plan allié montrant le fonctionnement du site.

Entrée fortifiée d'une galerie

Entrée fortifiée d'une galerie

COUPE TRANSVERSALE D'UNE GALERIE

Fusée V.2

Cauvicourt-Hautmesnil : un important dépôt de fusées était prévu dans les galeries souterraines creusées à partir du front de taille de la carrière. Archives du Canada.

Le bunker ultra-secret de Roquetoire

Situé dans le nord de la France, le bunker de Roquetoire, long de 35 m, large de 22 et haut de 7, recouvert d'une dalle de béton de 3,50 m, était un ouvrage lié au lancement des fusées V2 tirées à partir du site voisin de Wizernes. En réalité, ce bloc de béton abritait plusieurs véhicules techniques bourrés chacun d'un matériel radioélectrique ultra-performant destiné à maintenir, au moment du lancement, le missile sur la trajectoire programmée. Pour atteindre avec précision

Bunker de Roquetoire : entrée principale.
Rémy Desquesnes.

Bunker de Roquetoire, vu de côté (bunker non visitable).
Rémy Desquesnes.

son but situé à plus de 200 km, on ne pouvait tolérer une déviation latérale de la fusée de plus d'un millième au moment du départ. Ce contrôle télécommandé était effectué pendant quelques secondes grâce à l'émission d'un faisceau d'ondes radio à partir d'un véhicule dit *Leitstrahl-Stellung*. Roquetoire était également conçu pour abriter, outre les véhicules équipés du système de guidage ultra-secret, divers ateliers et magasins ainsi que les servants. En réalité, ce bunker ne devait pas servir en raison de la retraite de l'armée allemande, à la fin du mois d'août 1944, et également parce qu'entre-temps, les ingénieurs avaient renoncé à ce système pour adopter un guidage de la fusée au moyen de gyroscopes internes que l'ennemi ne pouvait parvenir à brouiller. En revanche, ce système de contrôle par radio, ou *LS-Kontrollstation*, sera réutilisé, au début de l'année 1945, pour les lancements effectués en Allemagne, à partir de bases mobiles.

Fusée A4 prenant son envol. Le guidage de la fusée fut une question difficile à résoudre.
Ullstein Bild/AKG-Images.

La Résistance
à la recherche
des fusées V2

En dehors de la photo aérienne, les patriotes européens ont apporté des renseignements de grande qualité à l'*Intelligence Service*. Dans le domaine de la fusée, c'est principalement l'AK ou Armée secrète polonaise, qui, à la demande du Gouvernement polonais en exil à Londres, devait renseigner l'*IS* sur ce qui se passait dans la partie nord de l'île de Usedom. L'AK, qui avait réussi à entrer en contact avec un soldat autrichien antinazi recruté dans la *Wehrmacht* et travaillant à Peenemünde,

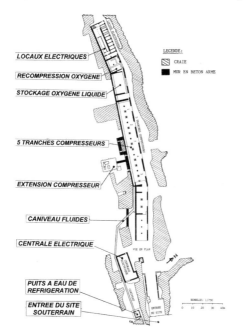

Caumont : plan de l'usine de production d'oxygène liquide dressé par François Bayeux.

allait apprendre de cette source des informations de première main. En plus de divers détails concernant le projet V1, l'informateur indiquait précisément l'emplacement du centre d'essais de Peenemünde. Grâce à cette information, la RAF vint photographier les lieux et s'ensuivit le bombardement du site (opération *Hydra*, 17-18 août 1943, menée par près de 600 bombardiers larguant 1 800 tonnes d'explosifs).

Comme on sait déjà, ce raid aérien, qui sera suivi par d'autres menés par l'*US Air Force*, désorganisait toute la recherche, forçait les deux centres expérimentaux à quitter l'île pendant un temps et à s'installer plus loin vers l'est, hors de portée des avions alliés, ce qui devait entraîner un retard de plusieurs mois dans le développement du programme des armes secrètes. Alors que la *Luftwaffe* optait pour un transfert temporaire en Prusse orientale, en attendant que soit effectuée la reconstruction du centre de Zempin-Zinnowitz prévue pour octobre, l'armée, elle, s'installait dans le sud-est de la Pologne, près du camp SS de Blizna rebaptisé *Heidelager* et reprenait ses essais de fusée, le 5 novembre 1943, par moins dix degrés, précise Dornberger dans son livre. Le premier tir ne devait pas se passer comme prévu : estimant que le sol gelé constituait une base suffisamment solide, le chef de batterie procédait à l'allumage mais les gaz enflammés dégelaient le sol et un support de la table s'enfonçait

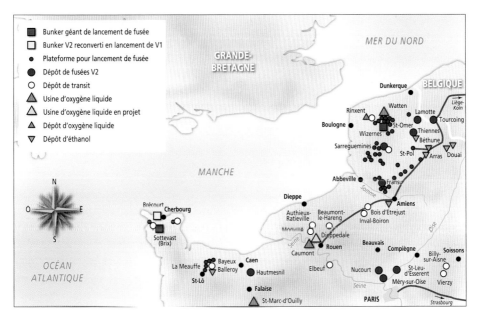

Organisation générale mise en place dans le nord de la France par les Allemands pour l'offensive des fusées V2.

dans celui-ci, provoquant une déviation du tir et l'écrasement de la fusée dans une forêt voisine. Ce n'était pas la fin des déconvenues, comme le raconte Dornberger : « Les pannes se succèdent sans répit. Certaines fusées s'élèvent à 20 m puis, à la suite d'une vibration, un relais lâche et interrompt la combustion. L'engin retombe et explose, détruisant la table de lancement et les câbles d'amorçage (…) D'autres montent normalement mais à 1 000 ou 2 000 m tout à coup, sans raison apparente, elles explosent. D'autres, enfin, suivent parfaitement leur trajectoire, mais au moment où elles arrivent à proximité de leur objectif, un nuage de vapeur blanche se forme, une double détonation retentit. L'engin pique du nez, des débris retombent et l'engin explose sans que nous puissions savoir pourquoi. Dix à vingt pour cent des fusées, au maximum, atteignent l'objectif prévu (…) L'entreprise était-elle sans espoir ? » A partir d'avril 1944, les tirs d'essais se multipliaient le long du Bug, un affluent

de la Vistule qui avait servi, en 1939, de ligne de démarcation, lors du partage de la Pologne entre Hitler et Staline. C'est alors que les patriotes polonais demandèrent aux petits paysans de récupérer, avant l'arrivée des soldats allemands, tous les morceaux de

Usine de Caumont : 1 500 tonnes d'oxygène liquide représentaient de quoi alimenter une dizaine de fusées par jour. En juin 1944, l'usine n'était pas achevée. Dans ces anciennes galeries, l'ennemi avait construit un bunker de 200 m de long dont une partie était occupée par une usine électrique. Une seconde usine était en construction à proximité de Canteleu. François Bayeux.

fusées ayant explosé en plein vol afin de les envoyer ensuite pour analyse au laboratoire de physique de l'Université de Varsovie. Le soir du 20 mai 1944, ce n'était pas un morceau mais une fusée A4 tout entière qui tombait dans les marécages s'étalant le long de la Bug, près du village de Sarnaki, dans le district de Varsovie. Intacte, la fusée était encore munie de son ogive qui contenait une tonne d'amatol, un puissant explosif. C'était une trouvaille exceptionnelle mais encombrante que les partisans allaient réussir à

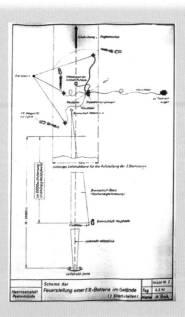

Station de lancement pour 3 fusées avec le système de guidage dit *Leitstrahl.*
Transportées chacune sur une remorque spéciale (*Meilerwagen*), visible sur le dessin en haut à gauche, les fusées sont mises debout sur les plates-formes en béton (étoiles). La direction de tir est indiquée en haut du dessin. Toujours en haut, au centre, est le groupe électrogène auquel sont reliés par câble électrique les 3 fusées, ainsi que le véhicule de direction de tir à l'extrême droite. Éloigné de 120 m, ce véhicule est aussi relié au mât de l'antenne de réception du faisceau radioélectrique dit *Leitstrahl* dont la station d'émission est située à 15-20 000 m en arrière des plates-formes de tir, tout à fait en bas du dessin. Entre deux, se situe la *Brennschluss* ou station de coupure de l'alimentation en carburant de la fusée V2. Handbook of the A4 Rocket.

dissimuler avant l'arrivée des Allemands. La suite, on la devine : l'AK prévenait Londres, qui s'engageait à venir chercher dès que possible non pas toute la fusée mais seulement les parties vitales du missile (chambre de combustion, système de guidage, carburant…), démontées et mises dans des caisses en bois prêtes à être embarquées. Selon le plan présenté par les Services secrets britanniques, l'opération ne devait pas durer plus de vingt minutes après l'atterrissage de l'avion. Passé ce délai, il fallait s'attendre à voir les Allemands arriver. Aussi, les ordres étaient-ils alors de décharger les caisses et de brûler l'avion. La nuit du 25 au 26 juillet (alors que Londres est bombardée depuis plus d'un mois par les V1), un *Dakota* du 267e *Squadron* décollait de l'aérodrome de Brindisi, en Italie, survolait l'Europe centrale puis se posait sur un terrain de fortune et repartait, non vingt minutes après mais plus d'une heure et demie plus tard, en raison de l'enlisement du train avant de l'appareil lourdement chargé dans ce terrain marécageux. Il arrivait à Brindisi, sain et sauf, après un vol de 1 200 km *just as the sun was rising,* [alors que le soleil se levait] (opération *Wildhorn III*). Deux jours plus tard, les pièces vitales de la V2 avec dessins, épures et photos, accompagnés d'un ingénieur polonais, étaient dans les laboratoires de Farnborough. Cet exploit de la résistance polonaise ainsi que les renseignements fournis par Amniarix, une patriote française, suffisent à illustrer la contribution de la résistance européenne à la victoire finale. Quant à l'ingénieur polonais auquel les Anglais avaient proposé de rester en Grande-Bretagne, il tenait à retourner dans son pays, « … où il avait encore du travail à faire. Cet homme courageux, écrit Churchill, était capturé quelques jours plus tard par la Gestapo et exécuté à Varsovie, le 13 août 1944. »

Opération *Pinguin* ou l'ouverture de l'offensive de la fusée V2

On se souvient qu'à la fin de l'année 1943, Hitler avait créé un corps d'armée (le LXV AK commandé par le général Heinemann) spécialement chargé du lancement des armes secrètes. La mise en œuvre des fusées V2 était confiée à un régiment d'artillerie constitué de trois *Abteilungen* ou bataillons d'artillerie (836e, 485e et 962e), comptant au total 6 500 hommes et 2 000 véhicules, à partir d'une trentaine de plates-formes utilisées en alternance. Avec la progression des armées alliées, le LXV AK avait perdu, en juin 1944, les installations situées dans la péninsule du Cotentin puis, en juillet, celles du Calvados (dont la station radar du mont Pinçon, nouvellement équipée d'un radar *See-Elefant,* appareil très puissant capable de suivre le vol d'une fusée, prise par les troupes britanniques en août) ainsi que les bunkers géants de Watten et Wizernes à la suite de bombardements aériens répétés. Ce même mois étaient évacuées les positions de tir situées entre Seine et Somme. En août, après le franchissement de la Seine par les Alliés, tout le corps d'armée du général Heinemann quittait la France pour les Pays-Bas.

Au début du mois de septembre, toutes les troupes chargées du lancement des fusées V2 passaient, à la demande de Himmler, sous le commandement du général SS Hans Kammler qui, en septembre, faisait transporter 350 fusées sur le front. Pour les SS, en effet, les armes secrètes, et particulièrement la fusée, montraient au monde entier la supériorité des qualités de créativité du peuple allemand, du fait de sa race, aussi en étaient-ils d'ardents défenseurs. Kammler réorganisait les troupes chargées du lancement en deux ensembles : le groupe Nord (485e bataillon) était chargé des positions de tir de *Den Haag* (La Haye) et le groupe Sud (836e et 444e bataillons SS) prenait possession des plates-formes de tir en Allemagne, dans la région d'Euskirchen, à l'ouest de Koblenz, sur la rive gauche du Rhin. Le 6 septembre étaient lancées deux fusées sur Paris mais ces deux tirs furent un échec. Deux jours plus tard, à 8 h 34 du matin, la première fusée était tirée avec succès sur Paris et, dans la soirée, sur Londres, à partir des plates-formes de l'île de Walcheren. Entre le 8 et le 18 septembre, 46 V2 seront tirées (26 sur Londres et 20 sur des objectifs continentaux). Avec le déclenchement de l'opération alliée sur Arnhem *(Market Garden)*, Kammler devait rapidement abandonner Walcheren et se retirer dans le nord-est des Pays-Bas, à Zwolle.

Une fois l'opération *Market Garden* neutralisée, Kammler reprenait les tirs sur l'Angleterre à partir des bases de Stavoren et Rijs, toutes deux situées en Frise du Sud-Ouest et dissimulées dans des bois, sur les rives du Zuiderzee. Ainsi étaient lancées, entre le 25 septembre et le 12 octobre, 44 V2 sur Ipswich et Norwich. De la région de Westphalie et, plus précisément, des environs de Münster-Darfeld, les plates-formes de tir bombardaient Lille, Tournai, Maastricht et Liège. Enfin, début octobre, les tirs reprenaient uniquement en direction de Londres, à partir de positions cachées dans les faubourgs de la capitale hollandaise, dont celui de Wassenaar. Quant aux batteries de la rive gauche du Rhin, elles bombardaient à tour de rôle les villes de Tourcoing, Lille, Hasselt, Maastricht et Liège. Début octobre, cette batterie s'installait à Merzig, dans le nord de la Sarre, et de là, attaquait les agglomérations de Paris, Tourcoing, Lille, Hasselt et Maastricht. Au total, entre le 18 septembre et le 12 octobre, les batteries ont tiré 162 V2 dont 52 sur Londres et 110 sur des objectifs continentaux.

Après ces deux courtes périodes (du 8 septembre au 8 octobre), l'offensive des V2 entre dans sa phase de plein développement qui se termine brutalement le 29 mars 1945 avec la dernière V2 envoyée sur l'Angleterre. A partir de novembre, chaque mois, 900 fusées arrivaient du Reich pour être entreposées dans divers dépôts. Au cours des jours s'écoulant entre le 10 octobre et le 29 mars, les tirs ne se feront que sur Londres et sur les installations portuaires d'Anvers. Depuis la région de La Haye, Londres recevra ainsi 1 078 V2 plus quelques projectiles sur Ipswich et Norwich. Les bases de tir situées en Westphalie, sur la rive droite du Rhin, ainsi que celles de Hellendoorn-Zwolle, en Hollande, lanceront sur Anvers près de 1 500 *Pinguins* (c'était l'un des noms de code de la V2 en raison des couleurs noir et blanc de la fusée), près d'une centaine sur Lille et Paris et autres villes continentales. Au début de l'année 1945, un examen attentif des fusées refusant de prendre leur envol montrait que certains composants avaient subi une nette détérioration lors de leur long séjour dans des galeries de stockage. Il était alors décidé de mettre au rebut ou de renvoyer aux usines tous les lots de V2 ayant subi des mois de stockage et de n'utiliser que des fusées provenant directement des usines du Reich, transportées chaque nuit par trains express jusqu'au dépôt de transit le plus proche du *Raketenabschussrampe*, ou site de lancement de V2. Cette mesure radicale se traduisit par une baisse spectaculaire des tirs ratés, qui passèrent de 12 % à moins de 2 %. En janvier 1945, une seconde amélioration relative à la précision des tirs était mise en œuvre par une seule batterie faute d'autre matériel disponible : il s'agissait du guidage des fusées par un faisceau radio *(Leitstrahl)*, guidage, on s'en souvient, qui devait être effectué, pour les fusées lancées par le bunker d'Eperlecques, par la station de Roquetoire. Ce système, qui avait une plus grande précision que la navigation par inertie utilisée par les V2, avait été abandonné par crainte d'un brouillage par les Alliés. On put toutefois mesurer sa précision lors du bombardement du pont de Remagen, situé sur le Rhin et utilisé par les troupes

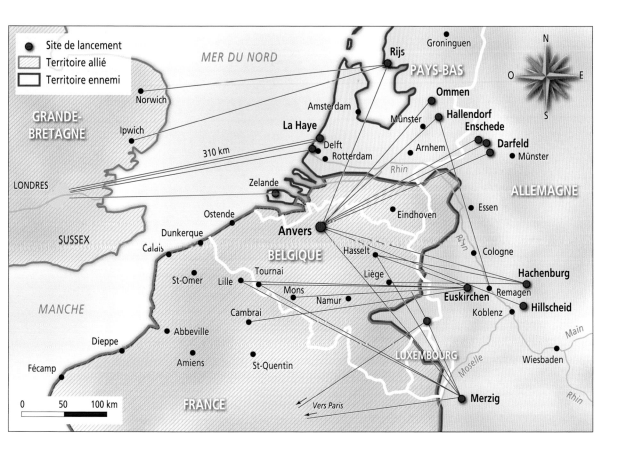

Carte montrant les divers sites de lancement des fusées sur l'Angleterre et sur plusieurs villes continentales.

américaines pour pénétrer en Allemagne. Le 10 mars, une base de tir située à Hellendoorn, aux Pays-Bas, procéda au bombardement de l'ouvrage d'art ; les fusées tombèrent à moins de 1 500 m du pont après un vol de 130 miles, soit 210 km. Fin mars 1945, les troupes allemandes devaient évacuer définitivement leurs bases de lancement situées en Hollande, mettant alors un terme au bombardement à longue distance de l'Angleterre.

Ainsi se termine l'offensive de la fusée V2, mais cela ne signifie nullement la fin des fusées. A vrai dire, les Allemands venaient de changer la nature de la guerre : le monde des armes venait d'entrer dans une ère nouvelle. Alors que les Soviétiques avaient récupéré les bases expérimentales de Blizna et de Peenemünde, les Américains, après avoir passé au peigne fin les galeries des *Mittelwerke*, tentaient de s'emparer, dans leur secteur, des savants allemands.

Conclusion

Bilan de la mise en œuvre des armes secrètes

Arrivés au terme de cette étude, nous allons tenter de répondre à trois questions relatives à l'importance des lancements effectués, au coût des armes miracles et, enfin, à leur efficacité sur le plan stratégique. On s'appuiera pour ce bilan sur l'étude menée par le colonel M.C. Helfers, intitulée *The Employment of V-Weapons*, ainsi que sur la longue et passionnante interview de Speer réalisée par les services de renseignements de l'*US Army*, en mai 1945.

D'emblée, on signalera que les statistiques relatives aux *Wunderwaffen* sont très variables : lorsqu'il est question des armes secrètes, les uns parlent des armes fabriquées (au total 36 000 V1 et V2), les autres, des engins qui ont effectivement été lancés (22 500), d'autres, enfin, des bombes volantes tombées en Angleterre ou sur le continent

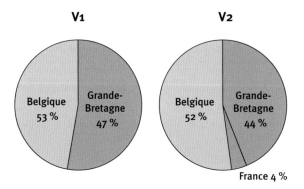

V1

V2

Belgique 53 % — Grande-Bretagne 47 %

Belgique 52 % — Grande-Bretagne 44 %

France 4 %

Comparaison du nombre de tirs de V1 d'une part et des V2 d'autre part sur l'Angleterre et sur la Belgique.

et recensées par les Alliés. On estime qu'à partir du 13 juin 1944 et jusqu'à la fin du mois d'août, un peu plus de 10 000 V1 ont été lancés contre l'Angleterre et que d'octobre 1944 à la fin mars 1945, 12 000 bombes volantes supplémentaires ont été lancées contre des cibles continentales, notamment le grand port d'Anvers. Aux 20 400 V1 tirés à partir de rampes de lancement sur l'Angleterre et les villes continentales, il faut ajouter 1 600 missiles tirés d'avions uniquement contre l'Angleterre, soit un total de 22 000 V1. Sur ledit total, un peu plus de la moitié sont soit des tirs ratés (explosions au lancement, défauts du pilote automatique...), soit ont été abattus par les défenses alliées ou détruits par les bombardements aériens. Le maximum d'efforts contre l'Angleterre a eu lieu la première semaine de juillet au cours de laquelle 906 bombes volantes ont été lancées. Sur ce total, 820 ont approché les côtes anglaises. Contre les cibles continentales, l'effort maximal a été enregistré à la fin du mois de février et au début de mars 1945 (700 tirs et 600 succès). Pour les fusées V2, les chiffres sont beaucoup plus faibles : on estime qu'environ 6 000 V2 ont été fabriquées mais seulement 3 000 ont été tirées (1 115 sur l'Angleterre et 1 675 sur des cibles continentales, soit un total de près de 2 800 engins ayant atteint leur but). Comme pour le V1, il y eut deux cibles privilégiées :

Londres et Anvers (90 % des 1 675 fusées V2 ont été tirées sur Anvers). Le maximum d'efforts a été effectué fin décembre 1944-début janvier 1945, ce qui fait que Noël 1944, à Anvers, est l'une des périodes les plus sombres de l'histoire du grand port européen. Dans son ouvrage, Dornberger écrit que 4 300 V2 ont été utilisées : 1 500 contre l'Angleterre et 2 100 sur le port d'Anvers.

Les *Geheimwaffen*, ou armes secrètes, sont, et de très loin, le programme de recherches le plus coûteux du IIIᵉ Reich, comme le révélera Speer aux officiers américains, lors de son interrogatoire du 21 mai 1945. Selon le ministre de l'Armement du Reich, le coût total du projet des armes secrètes, y compris la construction des 8 bunkers géants en France, les travaux effectués par les firmes ainsi que l'entretien des 20 000 soldats impliqués dans le projet, s'élèvera à 12 milliards de Reichsmarks, soit l'équivalent de 3 milliards de dollars, somme astronomique. A titre de comparaison, l'historien Serge Guérout, dans son ouvrage intitulé *Science et politique sous le IIIᵉ Reich*, estime le coût de la fabrication de la bombe atomique (projet *Manhattan*), le grand projet des démocraties face aux armes secrètes du Reich nazi, à la somme de 2 milliards de dollars. Dans ses *Mémoires*, Speer évalue le coût de la construction de la fortification du littoral de l'Europe de l'Ouest, projet baptisé *Atlantikwall* ou Mur de l'Atlantique, à 4 milliards de Reichsmarks, soit 1 milliard de dollars. En d'autres termes, le projet des armes secrètes est l'équivalent de trois Murs de l'Atlantique ! La construction de la fusée V2, projet pour lequel tout était à inventer, fut une affaire ruineuse pour l'industrie des armements du Reich. Les sommes englouties dans ce programme « qui faisait rêver toute l'Allemagne » n'étaient plus disponibles pour

d'autres projets, comme la construction de la fusée anti-aérienne téléguidée *Wasserfall*, projet rival de l'A4. Sorte de fusée V2 en miniature (hauteur 8 m, poids 3 500 kg, poids de l'explosif 250 kg, portée 25 km, plafond de 18 000 m, vitesse 780 m/sec), la *Wasserfall*, aux dires des spécialistes de l'*US Air Force* et de la RAF, aurait semé la terreur parmi les formations aériennes alliées si elle avait été construite… à des milliers d'exemplaires. L'enfant gâté que fut la fusée V2 « was a very expensive affair », avouera Speer à ses interrogateurs. Sans aucun doute fasciné par les possibilités d'avenir des fusées à longue portée, le ministre de l'Armement s'est laissé influencer par le général Dornberger et par les équipes de chercheurs de Peenemünde. Ces savants ne cesseront de vanter leur projet d'avant-garde capable de venir à bout de la résistance de l'Angleterre. Ainsi obtiendront-ils une priorité absolue pour leur projet et des crédits en augmentation constante. Cela ne fut pas le cas jusqu'en février 1942, lorsque l'ingénieur Todt était à la tête du ministère de l'Armement. Sous son mandat, la fusée n'a jamais bénéficié d'une telle priorité ; au contraire, Todt qui, en cette fin d'année 1941, ne cessait de supplier Hitler de mettre fin à la guerre, se battait pour obtenir une diminution de moitié du budget de Peenemünde.

Reste à voir maintenant la question du rapport entre le coût et l'efficacité réelle des armes V. Ce qui saute d'abord aux yeux, c'est que les armes V ont causé beaucoup plus de dégâts aux populations civiles qu'aux militaires. On estime le nombre total de civils et de militaires tués par les armes secrètes à environ 13 000 personnes, dont 3 000 soldats, auxquelles il faut ajouter près de 30 000 blessés graves, dont 2 000 soldats. Toujours sur le plan des dégâts, les bombes volantes et les fusées ont détruit ou endommagé gravement, en Angleterre et sur le continent, des centaines et des centaines de milliers d'habitations. En revanche, les bombardements n'ont causé que de bien médiocres dégâts aux installations portuaires d'Anvers utilisées par l'armée américaine ainsi qu'aux grands dépôts de matériel installés dans la région de Liège. En définitive, les pertes les plus importantes ont été subies par l'aviation alliée lors des bombardements des bunkers géants, des sites de lancement en France et des usines de fabrication de pièces détachées destinées aux armes V en Allemagne. Au total, c'est près de 800 aviateurs qui sont morts au combat et environ 500 appareils qui ont été détruits.

A vrai dire, les *V-Weapons* n'ont à aucun moment été un facteur de trouble suffisamment fort pour entraîner un changement dans la stratégie alliée. V1 et V2 ont été avant tout des armes de propagande et d'intimidation, autant destinées à donner de l'espoir au peuple allemand qu'à terrifier les Alliés. Manquant de précision, ayant une portée insuffisante et un effet destructeur réduit, elles étaient avant tout destinées à terroriser les populations civiles et à amener l'Angleterre à se montrer plus conciliante. Au cours de son interrogatoire, Speer a très bien résumé la question : « … their effect compared to the cost of their output was negligible » (leur effet comparé au coût de leur production était négligeable). Il ajoute que 5 V1 représentaient à peu près le prix d'un chasseur mais celui d'une seule fusée V2 ! Autrement dit, si l'on additionne 30 000 V1 plus 6 000 V2 (total des armes V fabriquées), on obtient l'équivalent de 12 000 chasseurs, formidable armada aérienne pour mitrailler les bombardiers alliés ! A cet argument, Dornberger répondait qu'en supposant que le Reich ait disposé

de cette flotte aérienne, la *Luftwaffe* n'avait pas le kérosène pour faire voler ces chasseurs ! Il ajoutait que la fusée, elle, ne consommait pas un litre de kérosène, ce qui est vrai mais ne l'est pas pour le propulseur du V1, aussi gourmand qu'un bombardier *Lancaster* ! Pour finir, on donnera encore une autre comparaison figurant dans la revue de juillet 1966 de l'*US Air University*. On trouve, dans ce numéro, un rapprochement très instructif entre la fusée V2 et le prix non plus d'un chasseur mais celui d'un bombardier. L'auteur écrit que le bombardier B-17 (la *Flying Fortress* ou forteresse volante), le plus connu des bombardiers de la Seconde Guerre mondiale, celui qui a largué le plus gros tonnage de bombes pendant le conflit, coûtait environ 200 000 dollars, soit l'équivalent de 800 000 Reichsmarks. D'un coût de 130 000 Reichsmarks, soit environ 32 000 dollars, la fusée V2 représente approximativement 1/6 du coût d'un B-17. Mais, poursuit l'auteur, 6 fusées transportent à peine 6 tonnes d'explosif et ne servent qu'une seule fois, étant, en effet, détruites lors de la première utilisation. En revanche, un B-17 pouvait être utilisé sans arrêt, avait un rayon d'action de 3 000 km et transportait à chaque vol 2 tonnes d'explosif ! Cette confrontation met un terme à la démonstration et illustre parfaitement la tapageuse stratégie de prestige menée par le Reich à propos des armes secrètes qui, soi-disant, devaient inverser le cours de la guerre…

Non seulement, les armes secrètes sont arrivées trop tard et en trop petit nombre mais, surtout, ce moyen de combat n'était d'aucune efficacité sur le plan militaire. Dans son interrogatoire, Speer finira par reconnaître que la fusée V2 était une absurdité stratégique : « Notre projet le plus coûteux, a-t-il écrit, était en même temps le projet le plus dénué de sens. »

Les débuts de la conquête de l'espace.
AKG-Images/Science Photo Library.

Sources

Archives

Freiburg-i-B.

Kriegstagebuch des Flakregiments 155 (W) 1943-1945, RL 12/76

Dorsch Xaver, Diplomingenieur, *Organisation Todt-West*, MS-B-671, 1947

Dorsch Xaver, Diplomingenieur, *Organisation Todt in Frankreich*, MS-B-670, 1946

Walter Eugen Oberst, *V-Waffen-FMS*, MS-B-689, 1947

Washington

Investigation of the Heavy Crossbow Installations in Northern France. Report by the Sanders Mission to the Chairman of the Crossbow Committee, 21 Feb. 1945. National Archives, RG 331

Operation Crossbow Materials in SHAEF Records

SHAEF Secretary General Staff 381

SHAEF Air Defense Division-1029/11-41-45-Visits to Crossbow sites

SHAEF Air Board Air Staff Material-Serial N° A113 (Crossbow-Rocket... 204 p. et Crossbow-Flying Bomb... 89 p.)

United States Strategic Bombing Survey (USSBS) : The Crossbow Campaign - The Air offensive against V-Weapons n° 60

V2-Rocket-Attack and Defense-AAA-Section

Helfers Lieutenant-Colonel M.C., *The employment of V-Weapons by the Germans during WWII*. Office of the Chief of Military History – Department of the Army-Washington DC-Sept. 1954

Londres

AIR 14/743-744 Operation Crossbow

WO219/4937 Reports on visit to launching sites, June 1945

Air 8/1227 Crossbow : Cherbourg Peninsula, July 1944

Handbook on guided missile of Germany, War Department, 1946

The rise and fall of the German Air Force, British Ministry, 1952

Handbook of the A4 Rocket, Mi 14/527, 1942, London

Paris

Rapport d'ensemble sur la bombe volante V1. Ministère de l'Armement

Internet

Consulter l'excellent site de l'Association suisse du Fort de Litroz sur les armes secrètes allemandes

Film

Battle of the V1. Film britannique, 1958, 104 min, distribué par Eros film et produit par G. Maynard et John Bash.

Livres

Bailleul L., *Les sites V1 en Flandre*, Hazebrouck

Bailleul L., *Les sites V1 en Picardie*, Hazebrouck

Bates H.E., *Flying Bombs over England*, Isis Publishing's, Oxford

Boog Horst, *Strategischer Luftkrieg in Europa und Reichsverteidigung 1943-1945 in Das deutsche Reich u. der Zweite Weltkrieg*, Bd. 7, MGFA, München

Bornemann Manfred, *Geheimprojekt Mittelbau. Die Geschichte der deutschen V-Waffen-Werke*, München, 1971

Camus Jean, *Le radar - Problèmes*, éditions Elzévir, Paris

Churchill Winston, *Mémoires sur la deuxième guerre mondiale. Triomphe et Tragédie*, tomes I et II, Paris, Plon

Closterman P., *Le Grand Cirque*, Paris, 1947

Collier Basil, *The Battle of the V-Weapons*, Hodder and Stoughton, 1964

Craven W.F. and Cate J.L., Europe. *Argument to V.E. Day. The Army Air Force in WWII. Vol. III, Jan.1944 to May 1945*, Chicago University, 1951, 986 p.

Dornberger Walter, *L'arme secrète de Peenemünde*, Paris, Arthaud, 1966

Ducrocq Albert, *Les armes secrètes allemandes*, Berger-Levrault

Dungan T.G., *V2 - A Combat History of the First Ballistic Missile*, 1967

Eisenhower D., *Croisade en Europe*, Paris, 1949

Goebbels J., *Journal 1943-1945*, Paris, Taillandier, 2005

Hautefeuille R., *Constructions spéciales*, Paris, 1985

Heiber Hellmut, *Hitler parle à ses généraux*, Paris, 1970

Hellmold Wilhehm, *Die V1 – Eine Dokumentation – Bechtle Verlag*, München, 1991

Henshall Philip, *Hitler's Rocket Sites*, Robert Hale, London, 1985

Hinsley F.H., *British Intelligence in the Second World War*, Cambridge University Press

Hollard F., *Michel Hollard, le Français qui a sauvé Londres*, éditions Le Cherche-Midi

Hölsken Heintz D., Die V-Waffen : *Entstehung-Propaganda-Kriegseinsatz.* Deutsche Verlag Anstalt, Stuttgart, 1984

Illingworth Franck, *Flying Bomb*, The Citizen Press, 1945

Intelligence report N° 270, V2 Assembly Plant at Nordhausen, Germany. Headquarters Communications zone Etousa, Office of the Chief Ordnance Officer

Jones, Professor R.V. *Most Secret War. British Scientific Intelligence. 1939-1945*, Penguin Ed., London

Kogon Eugene, *L'enfer organisé*, La Jeune Parque, Paris, 1947

McGovern James, *Crossbow and Overcast*, London, 1964

Martelli George, *L'homme qui a sauvé Londres*, Paris, 1971

Neliba Günther, Kriegstagebuch des Flakregiments 155 (W) 1943-1945 Flugbombe V1-Zeitgeschichtlitche Forschungen (ZGF)-Bd. 27, Berlin

Newmann Bernard, *They saved London*, Panther Edition, London, 1955

Ordway Frederic, M. Sharpe, *The Rocket Team*, 2007

Patzwall Klaus D, *Vergeltung : das Flakregiment 155 (W)*, Hamburg, 1985

Saunders Hilary Saint George, *The fight is won. Royal Air Force 1939-1945*. Vol. III, HMS, London, 1954

Young Richard Anthony, *The Flying Bomb*, Ian Allan, London, 1978

Wachtel Max, *Unternehmen Rumpelkammer*, Der Spiegel, Nr49/1965

Musées

Deux établissements, l'un à Eperlecques, l'autre à Wizernes, apportent des informations précieuses sur les armes secrètes. Le blockhaus d'Eperlecques se présente comme un parc historique où le visiteur peut déambuler autour du bunker géant (100 000 tonnes de béton), aujourd'hui protégé, reconverti en usine de production de substances chimiques nécessaires au lancement de la fusée V2. Par sa présence, le monstrueux bunker donne à ce lieu de mémoire une ambiance unique et très particulière. Ajoutons que le visiteur intéressé peut découvrir sur le site une rampe de lancement de V1. Non loin de là, à Wizernes, se trouve le musée de la Coupole. Comme le parc historique précédent, le musée de la Coupole est situé sur un ancien site lié aux armes secrètes mais à la différence d'Eperlecques, la Coupole est installée dans un immense espace souterrain à plusieurs niveaux. Dans ce lieu insolite où l'on entend des bruits sourds de bombardements, l'émotion vous gagne rapidement mais une muséographie d'avant-garde, prenant appui sur des recherches historiques menées dans les grands centres d'archives de la Seconde Guerre mondiale, ne tarde pas à vous captiver. Au total, une journée est nécessaire pour voir sans se presser ces deux lieux de mémoire tout à fait complémentaires.

Remerciements

François Bayeux, photographe à Darnétal
Marie-Claire Berthelot, photothèque du Mémorial de Caen
M. Chanez, de Rilly-la-Montagne
Jean-Luc Dion, maire de Thiverny-sur-Oise
Barbara Hirard, de la bibliothèque municipale Jacques-Prévert de Cherbourg
Mairie de Louvagny (Calvados)

M. Mongin, bibliothèque Carnegie de Reims
Musée de la Coupole à Wizernes et le bunker d'Eperlecques
Romain Urli, de Reims
Philippe Trombetta, de Bayeux
Chris and Nick Young, with warm thanks to Dick and Mary

Table des matières

Éditeur : Matthieu Biberon
Coordination éditoriale : Caroline Brou
Collaboration éditoriale : Aanor Le Mouël
Conception graphique : Laurence Morvan,
Studio graphique des Éditions Ouest-France
Mise en page : Brigitte Racine
Cartographie : Patrick Mérienne
Photogravure : graph&ti, Rennes (35)
Impression : Pollina à Luçon (85) - L58900

© 2012, Éditions Ouest-France - Édilarge SA, Rennes
ISBN 978-2-7373-5263-8
Dépôt légal : janvier 2012
N° d'éditeur : 6367.01.04.01.12
Imprimé en France
Retrouvez-nous sur www.editionsouestfrance.fr